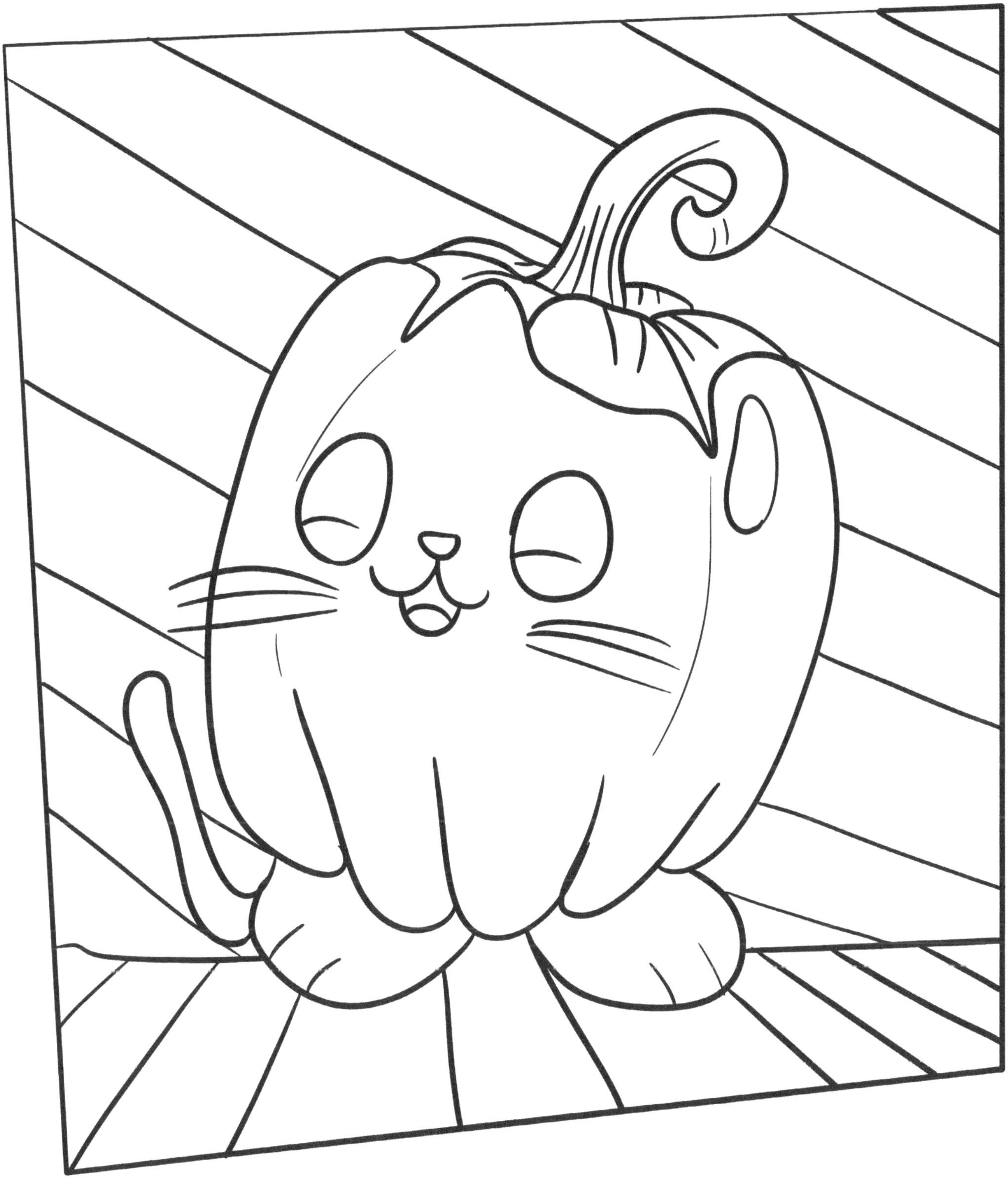

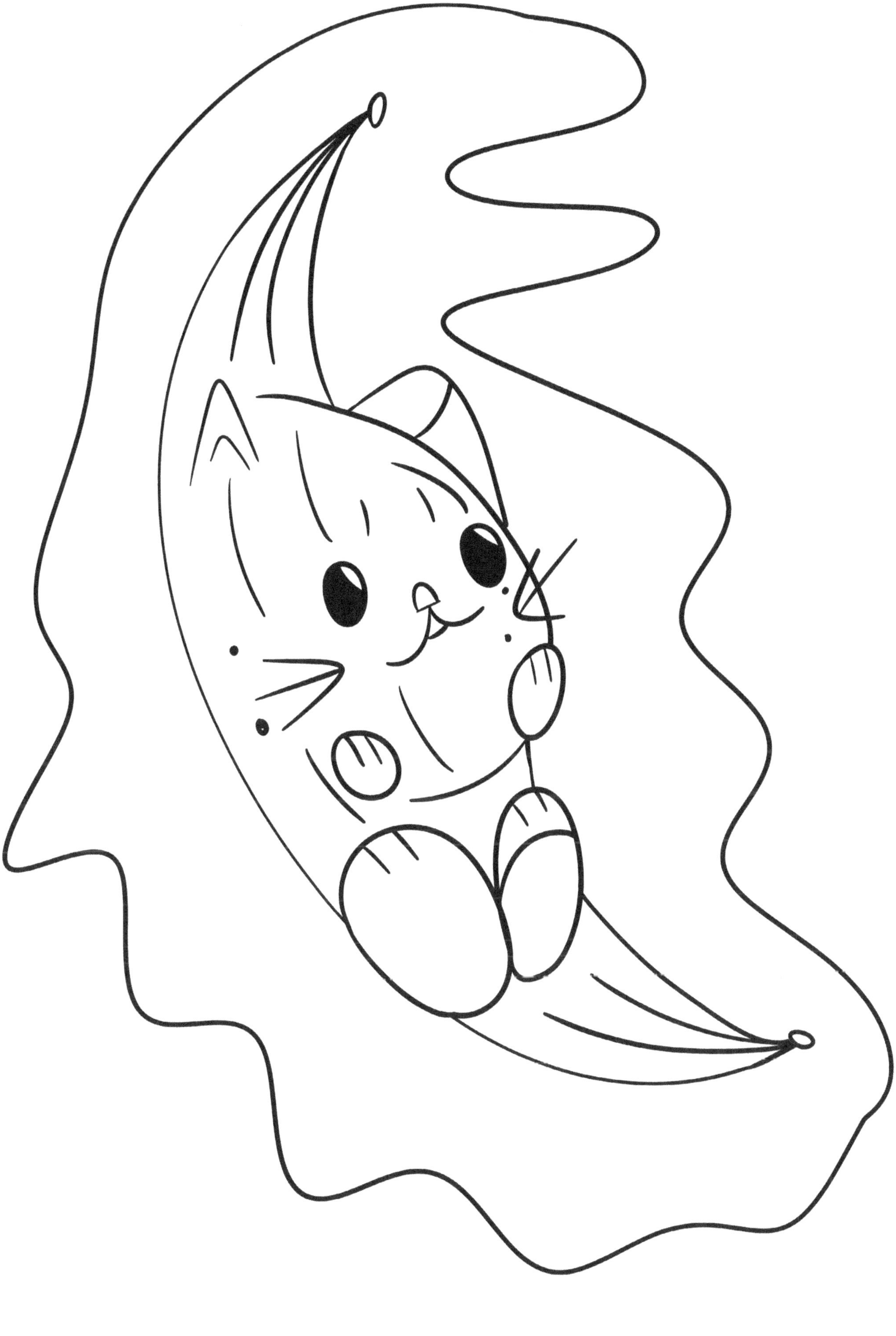

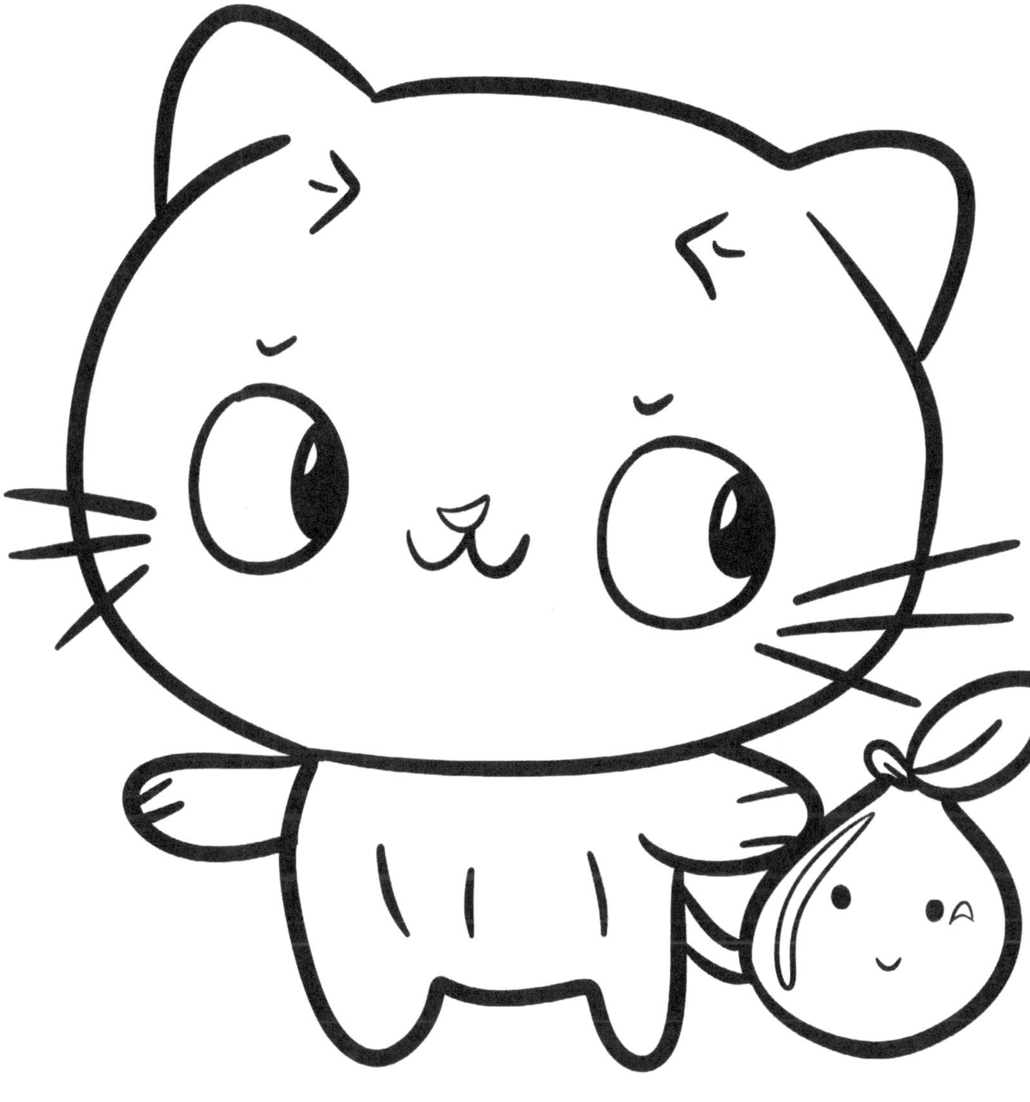

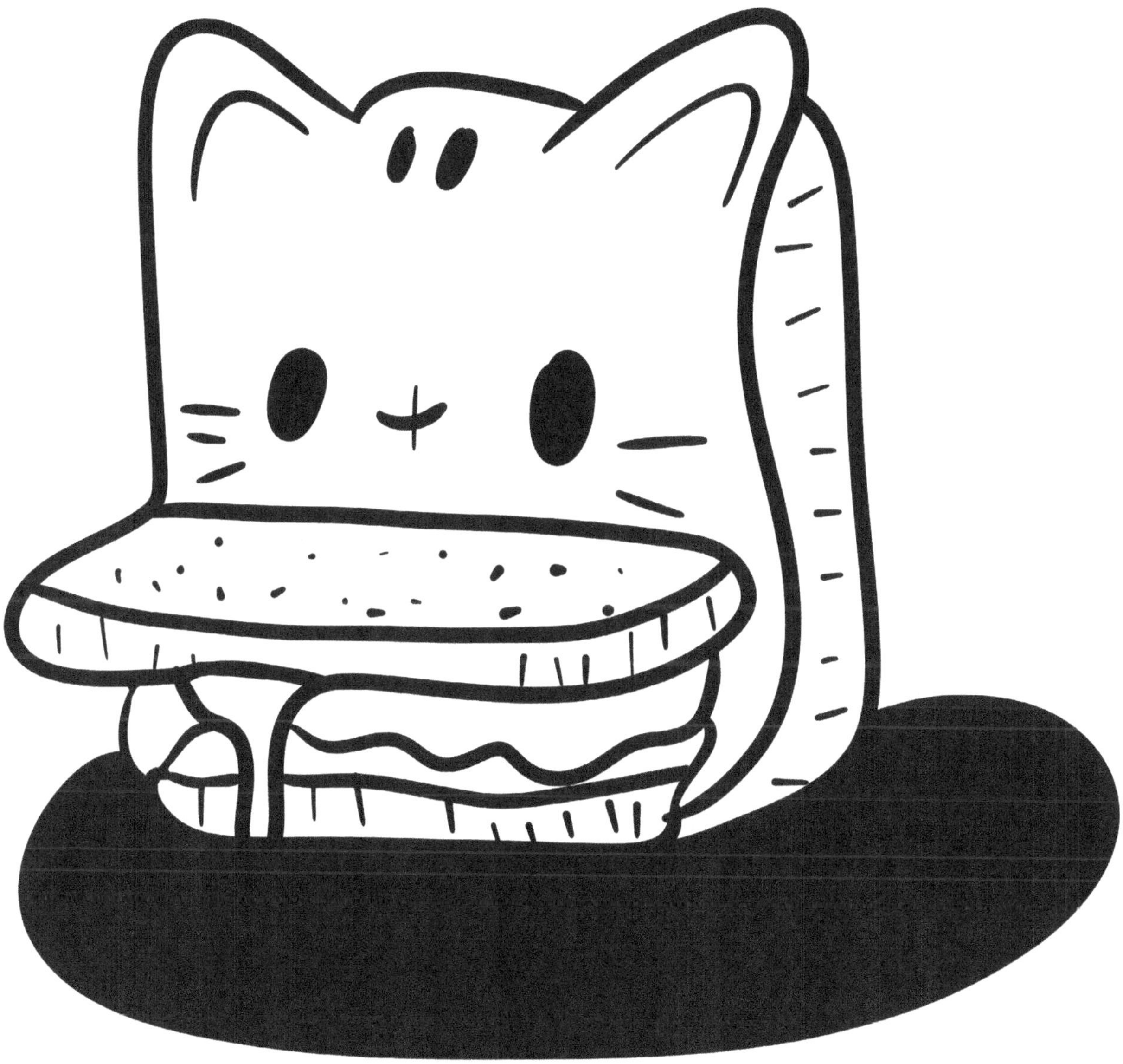

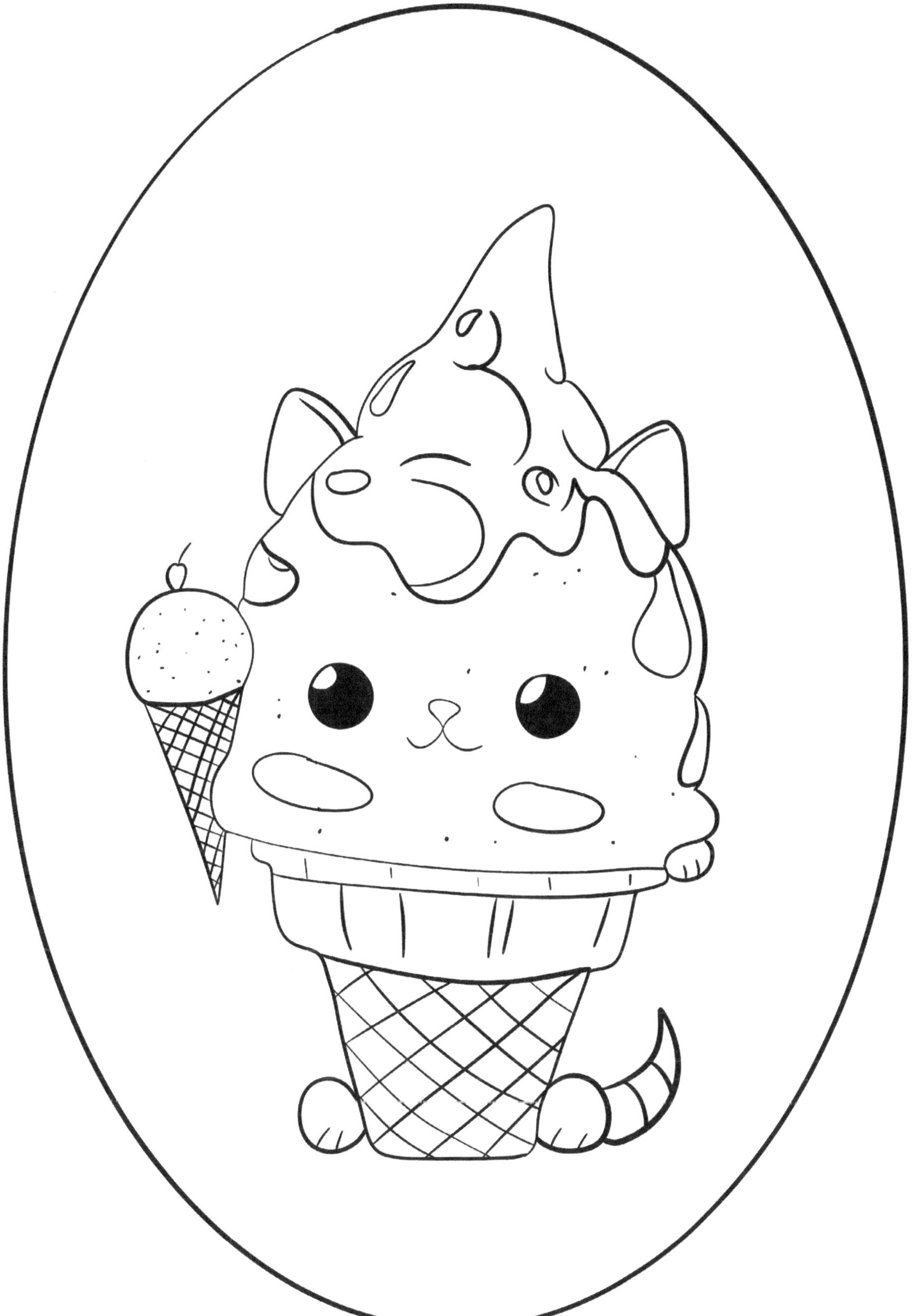

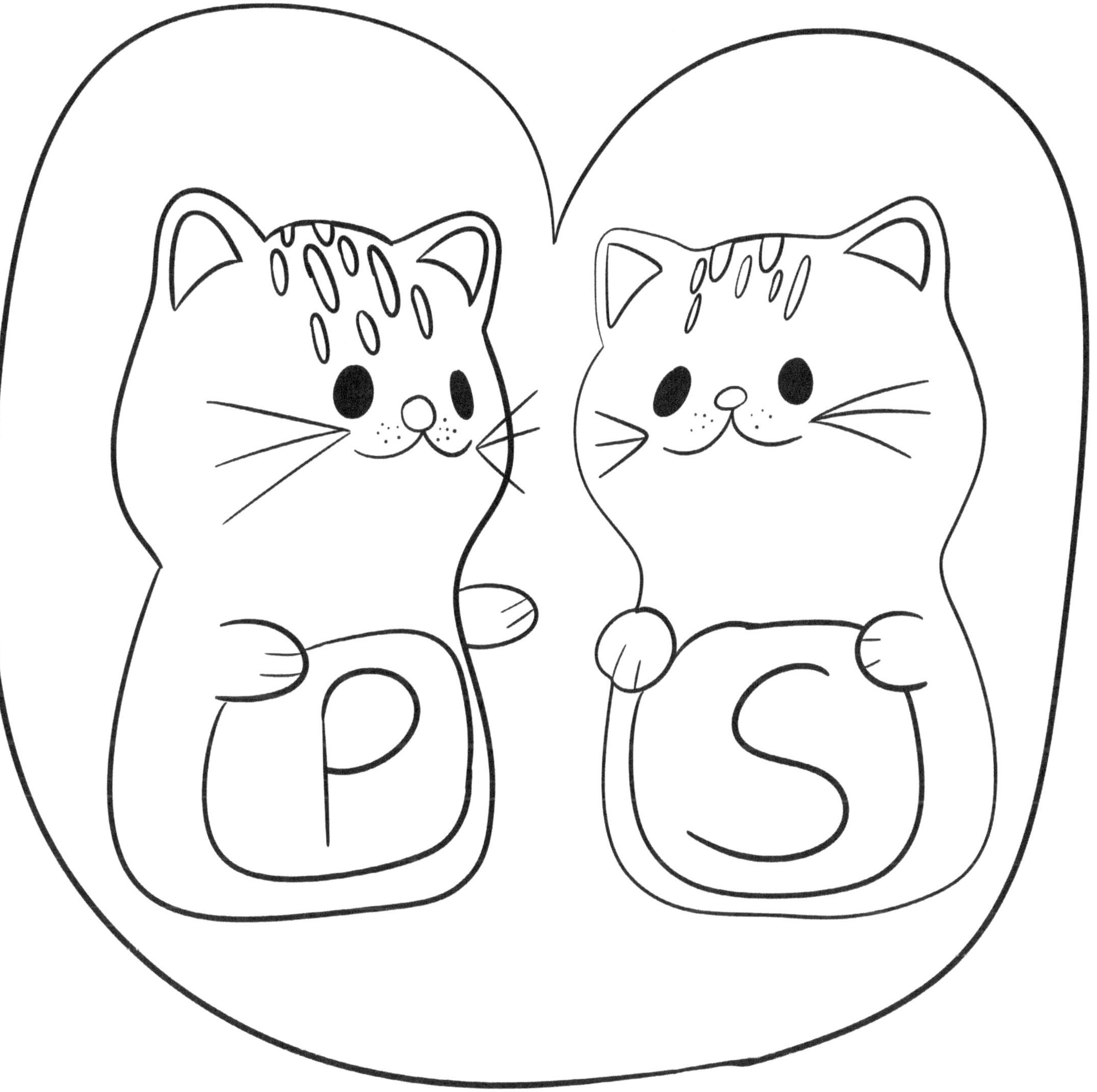
P
S

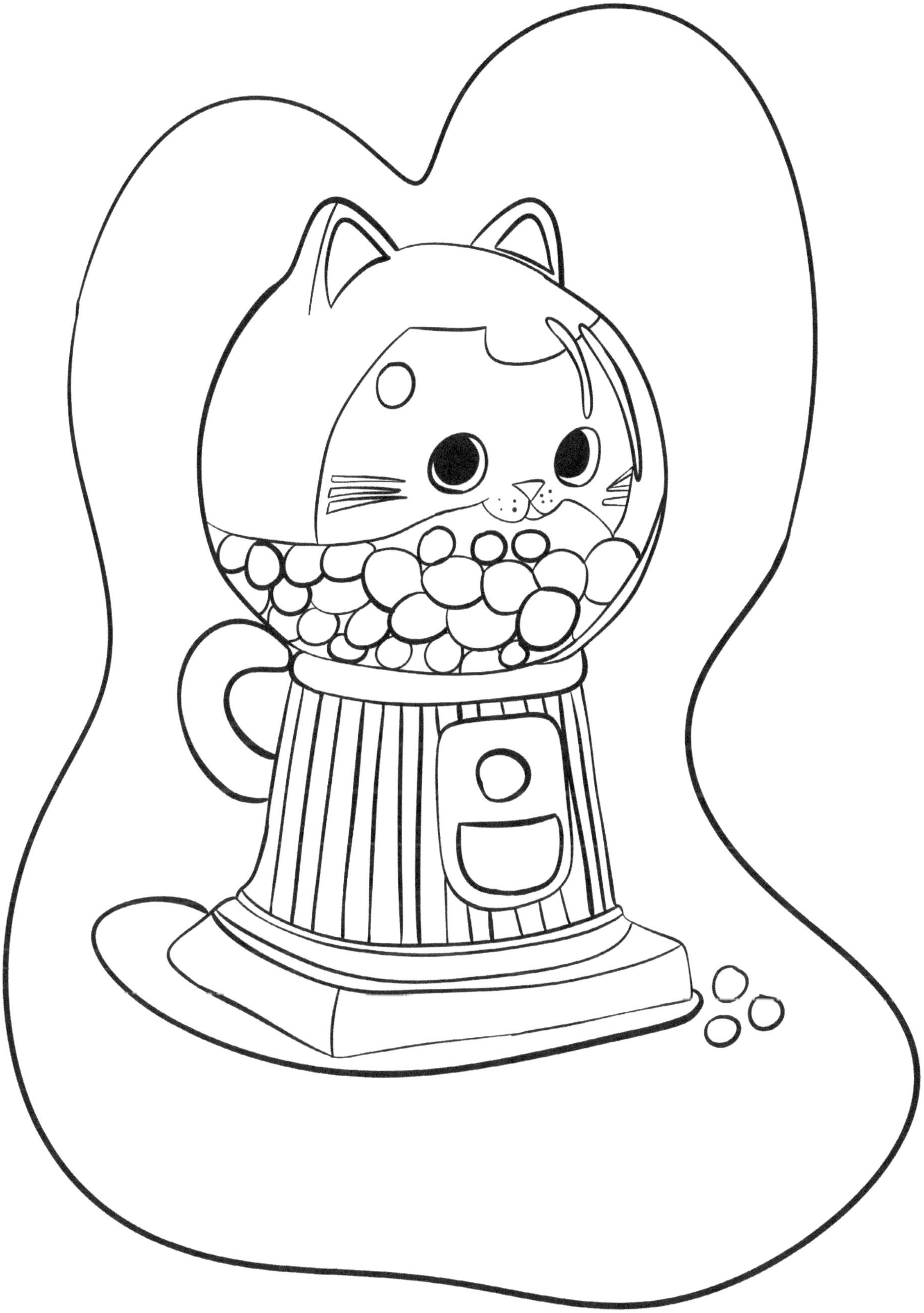

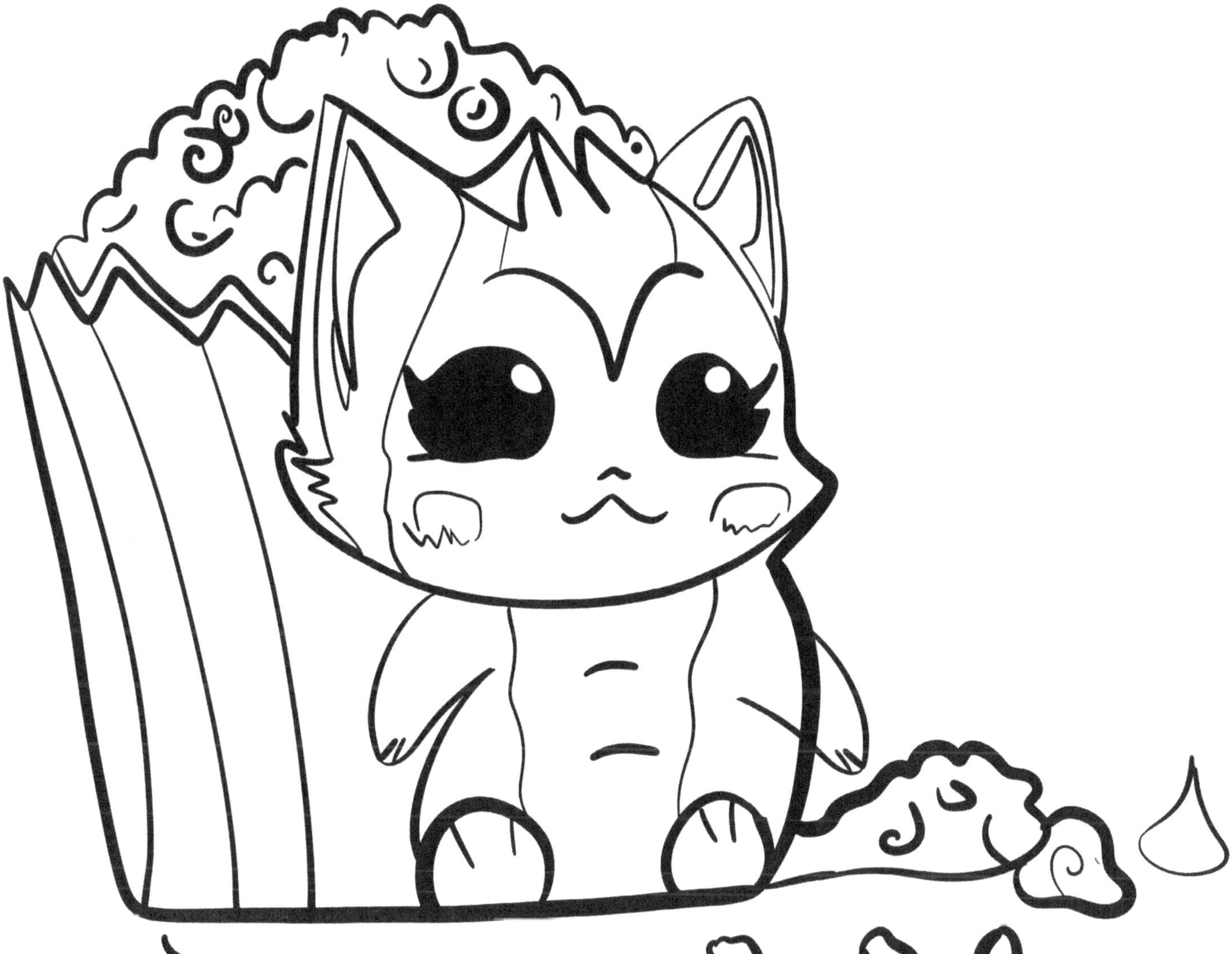

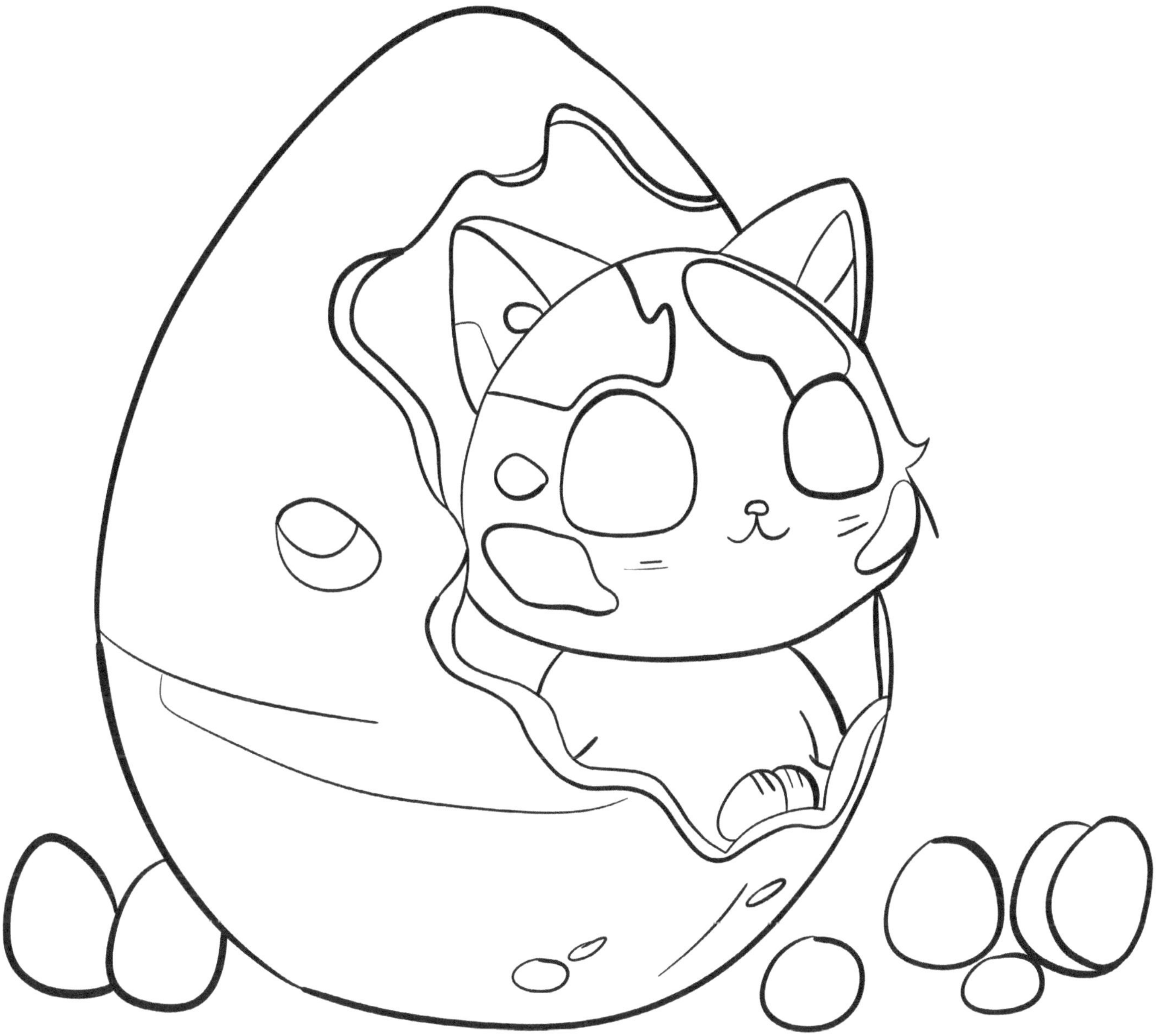

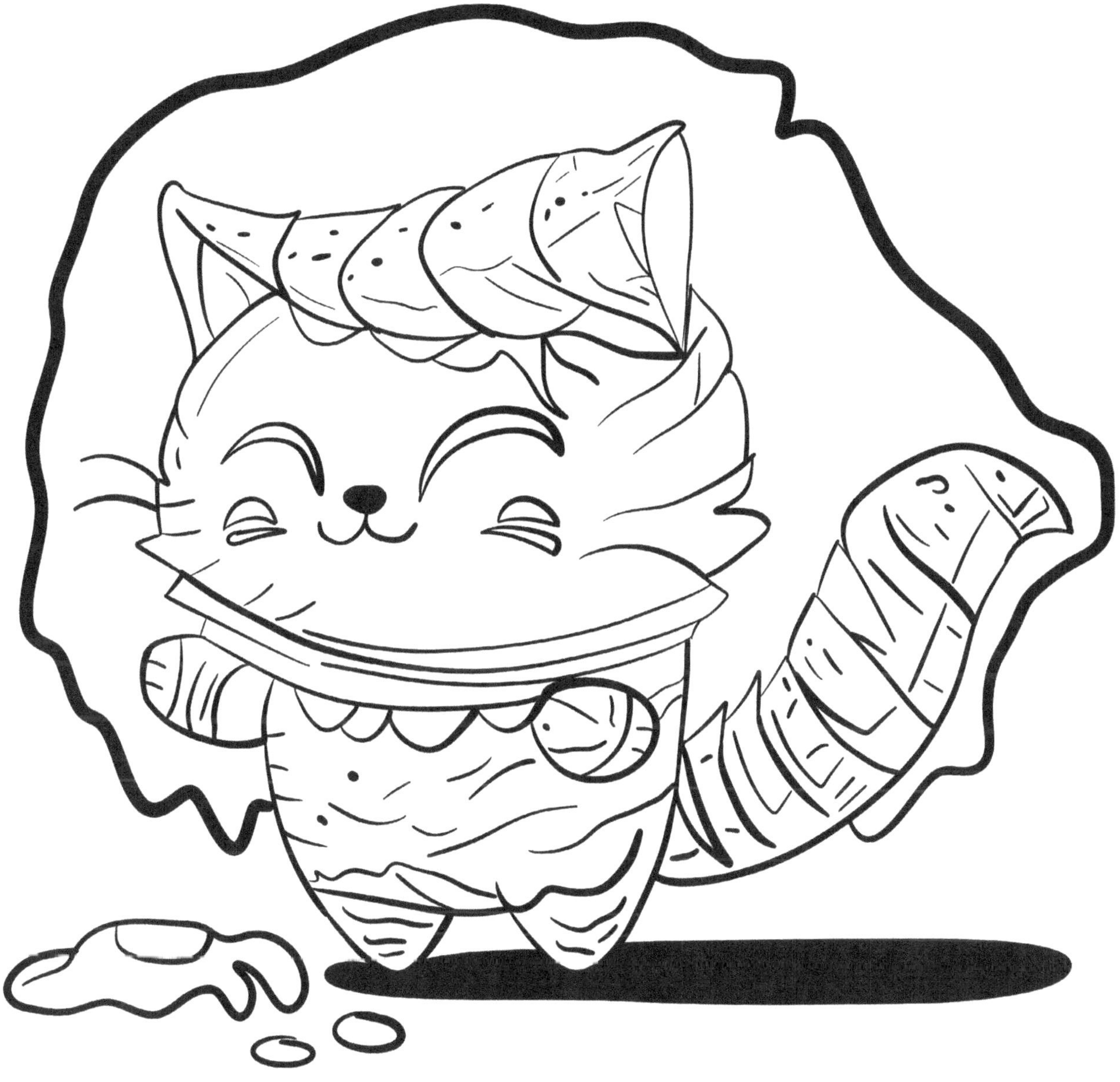

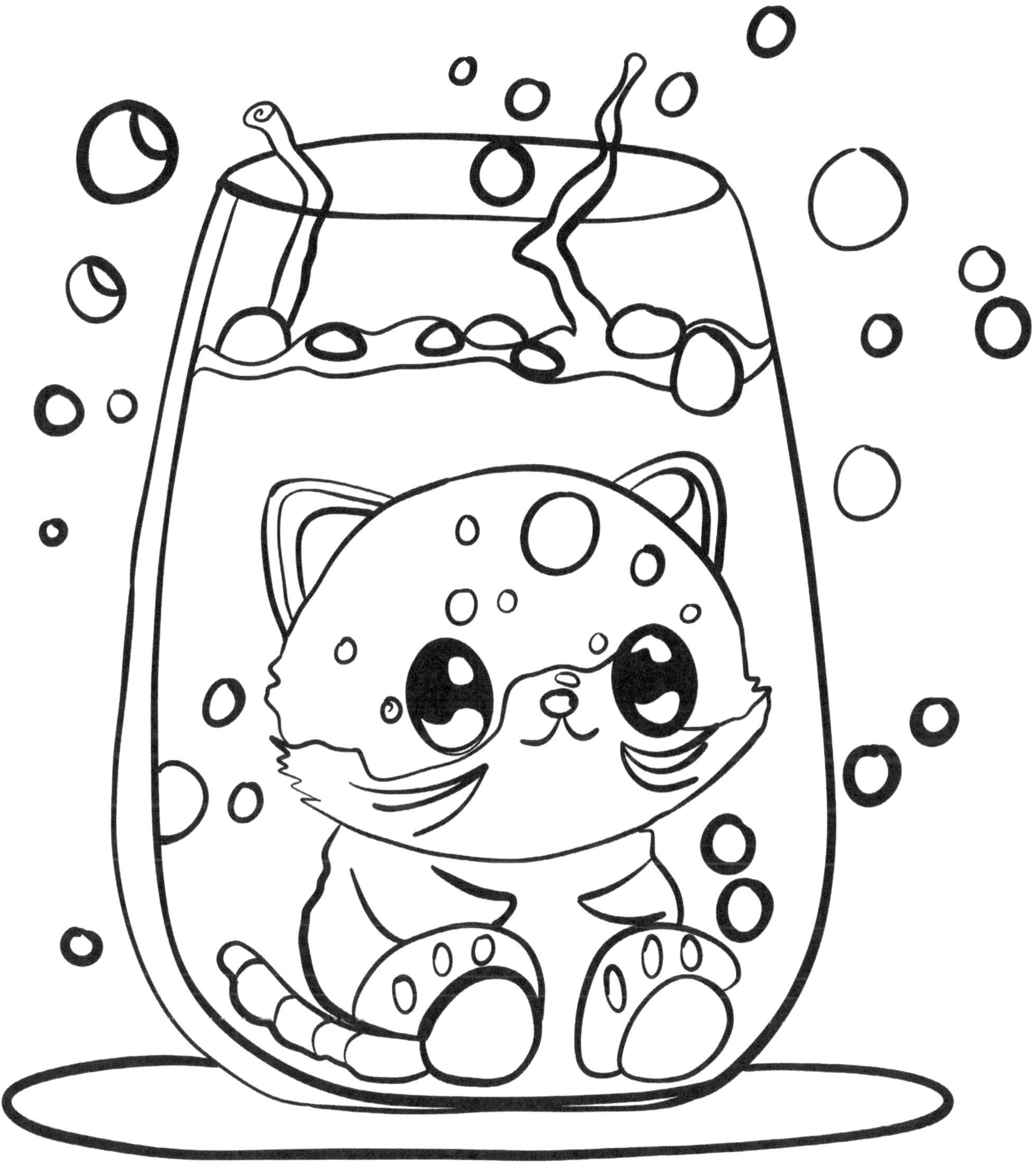

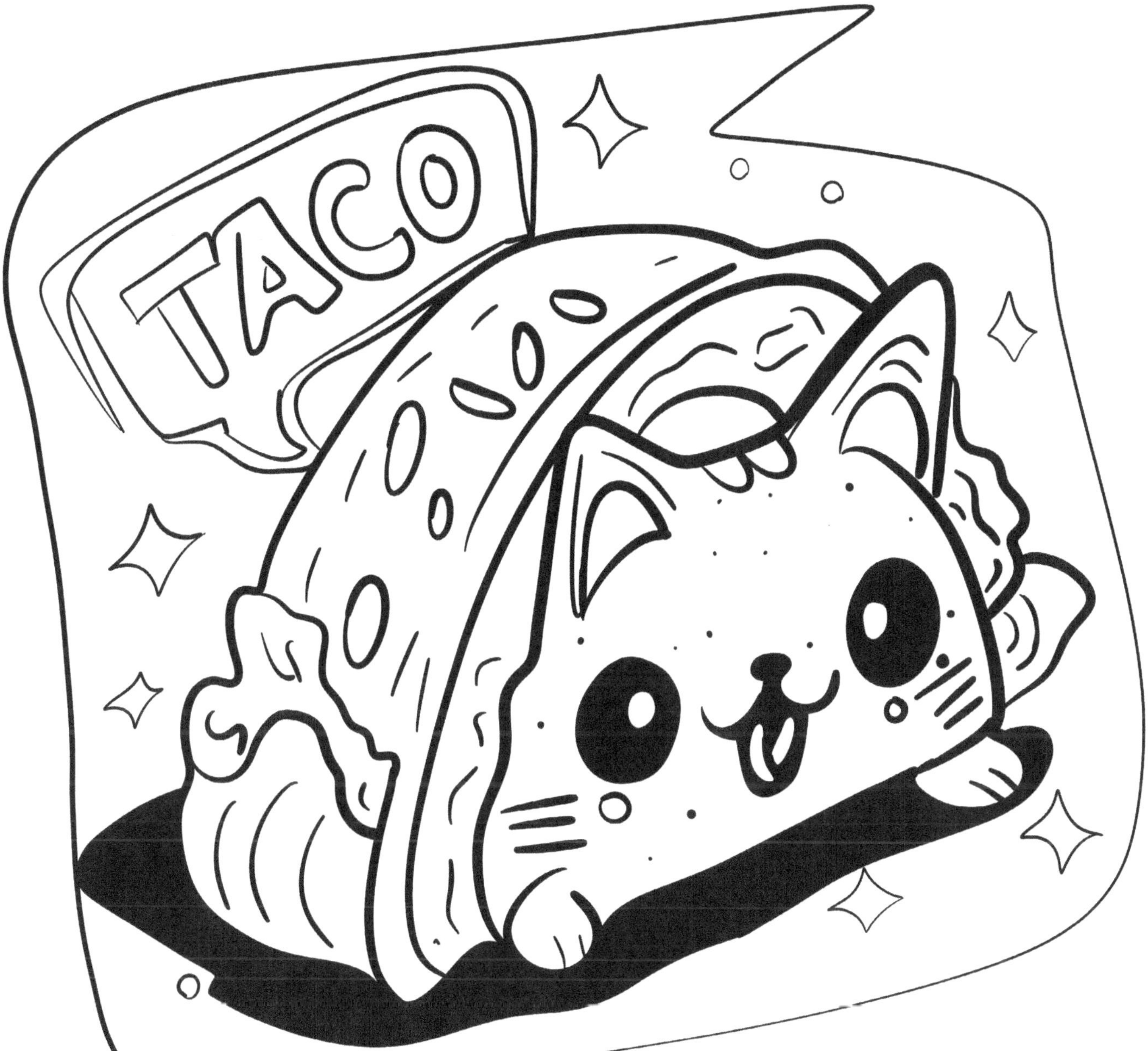
TACO

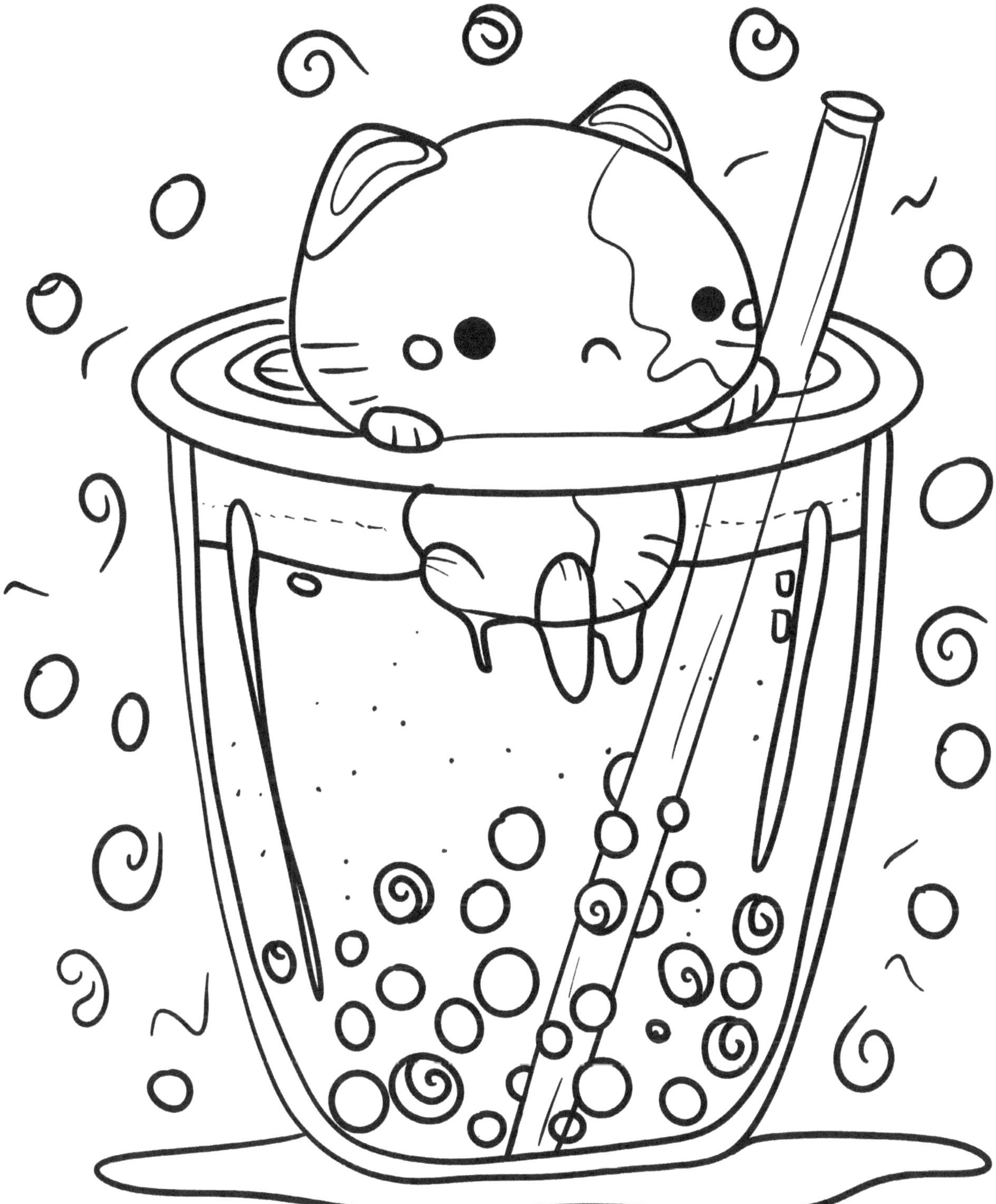

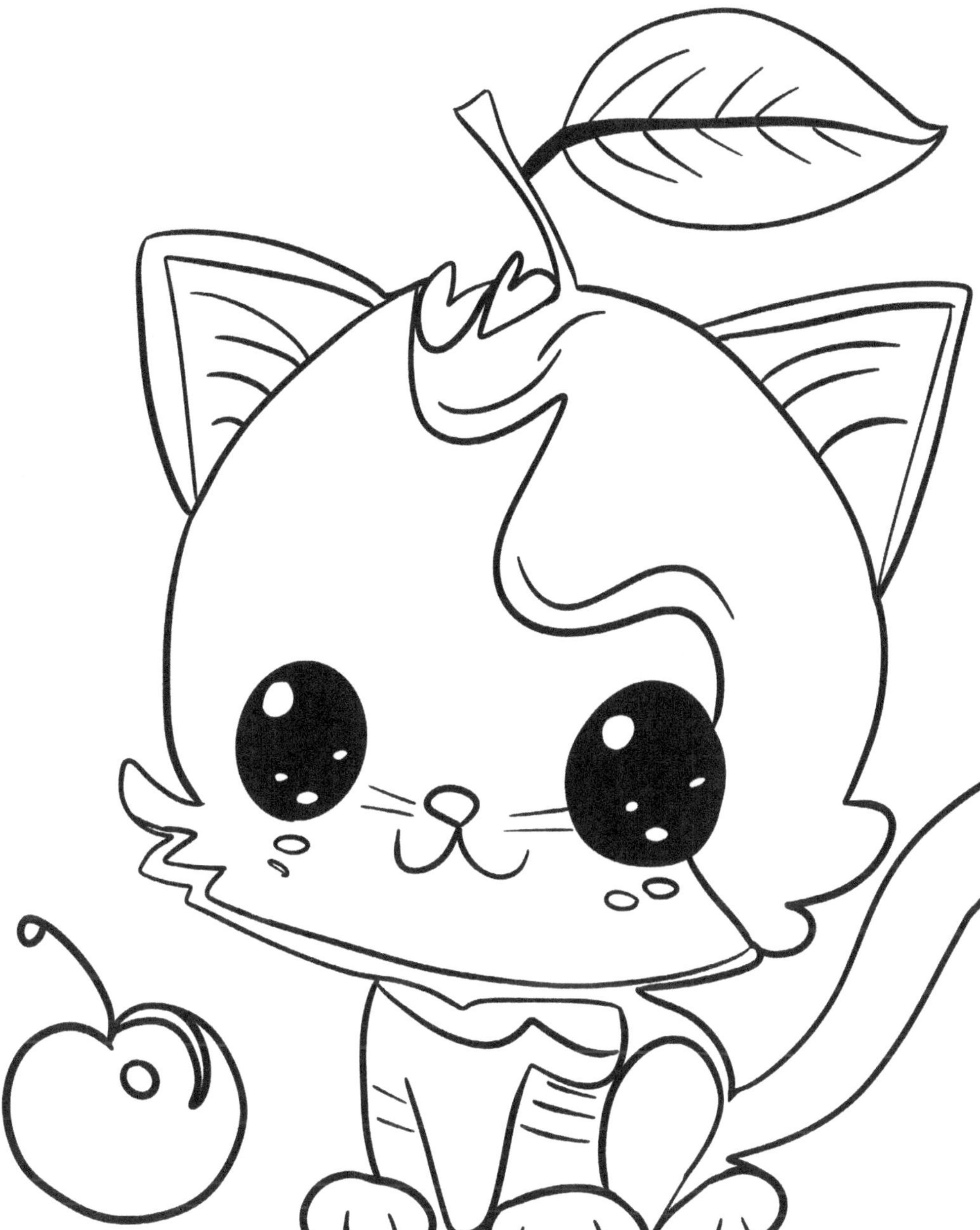

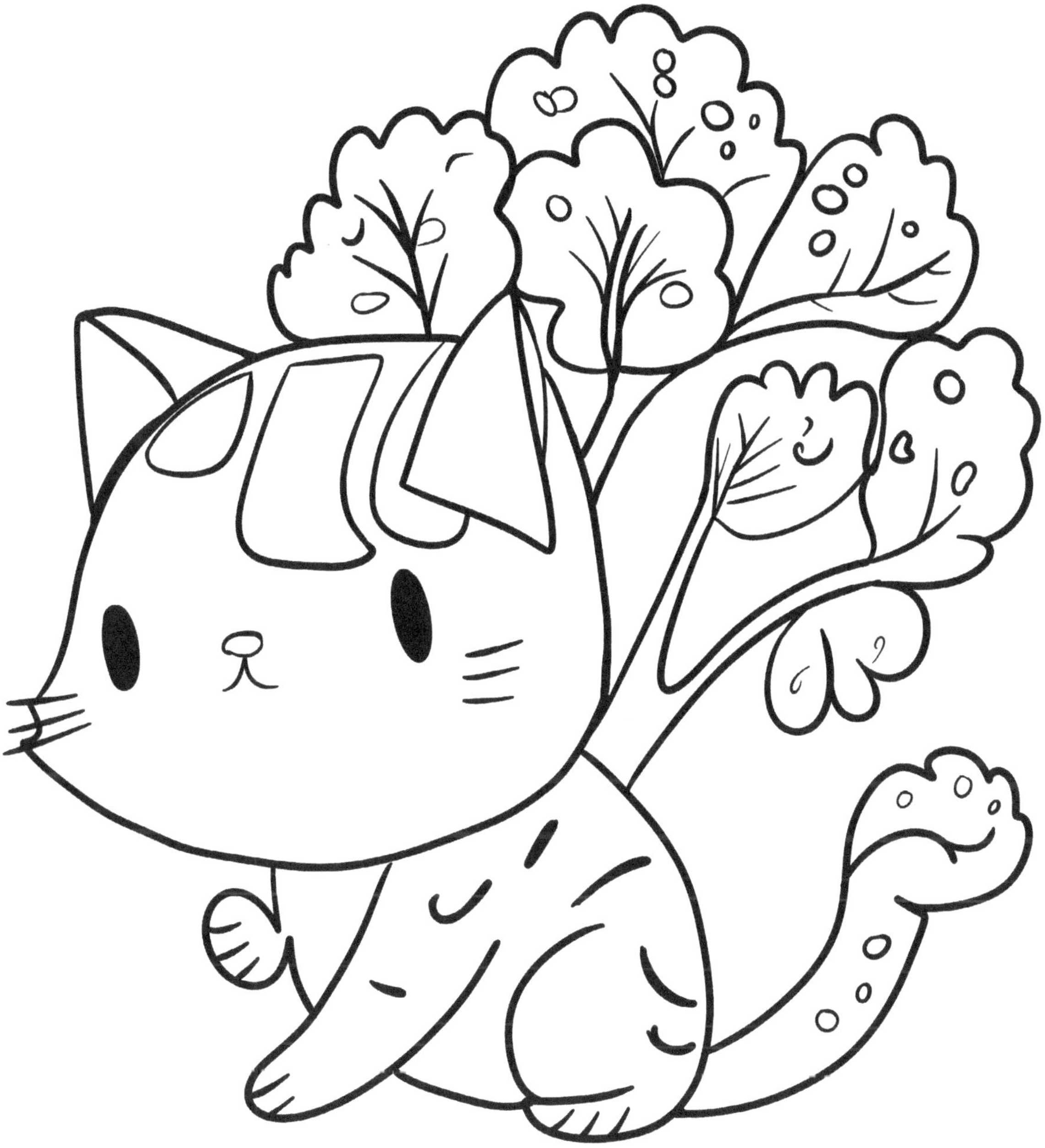

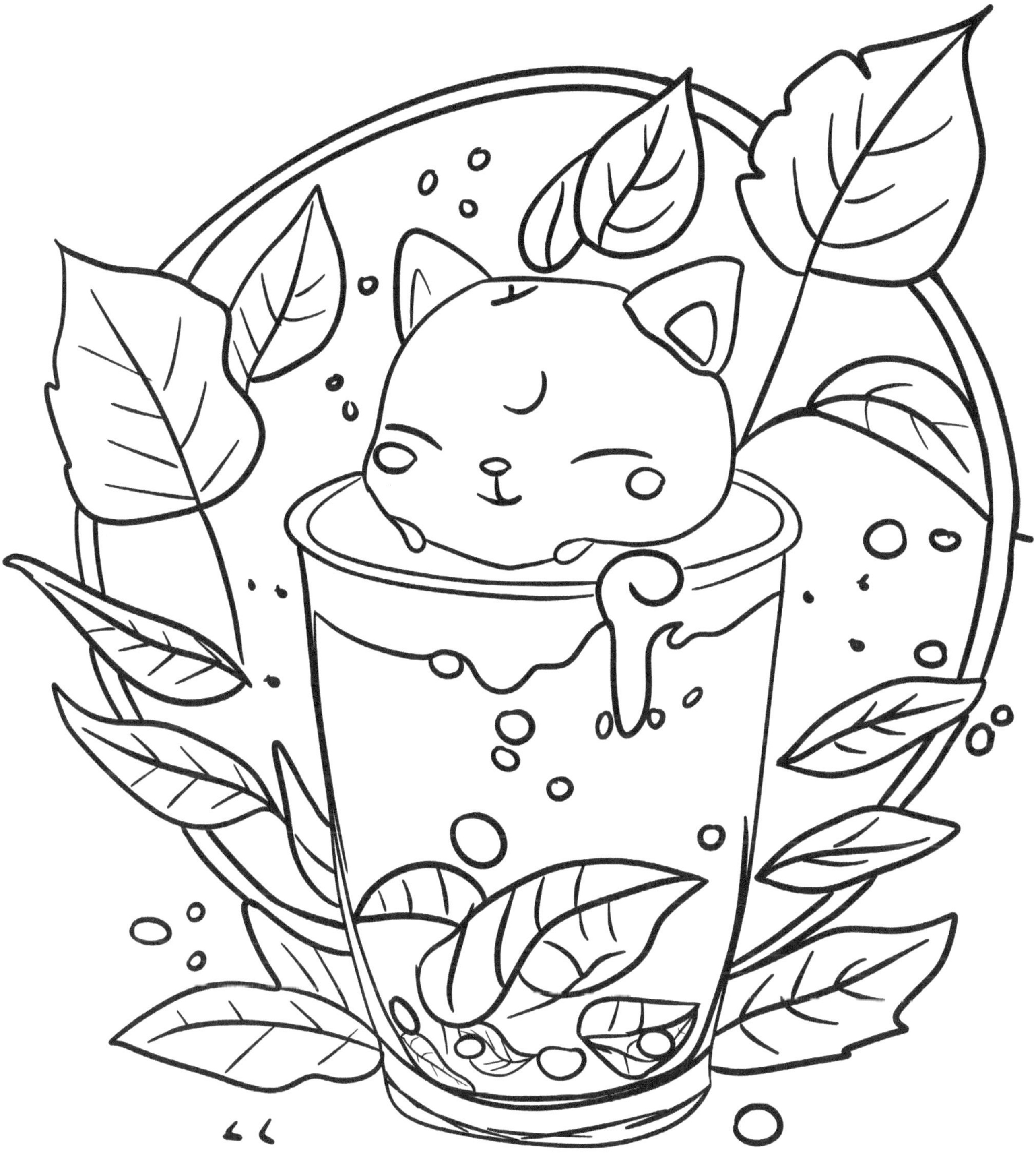

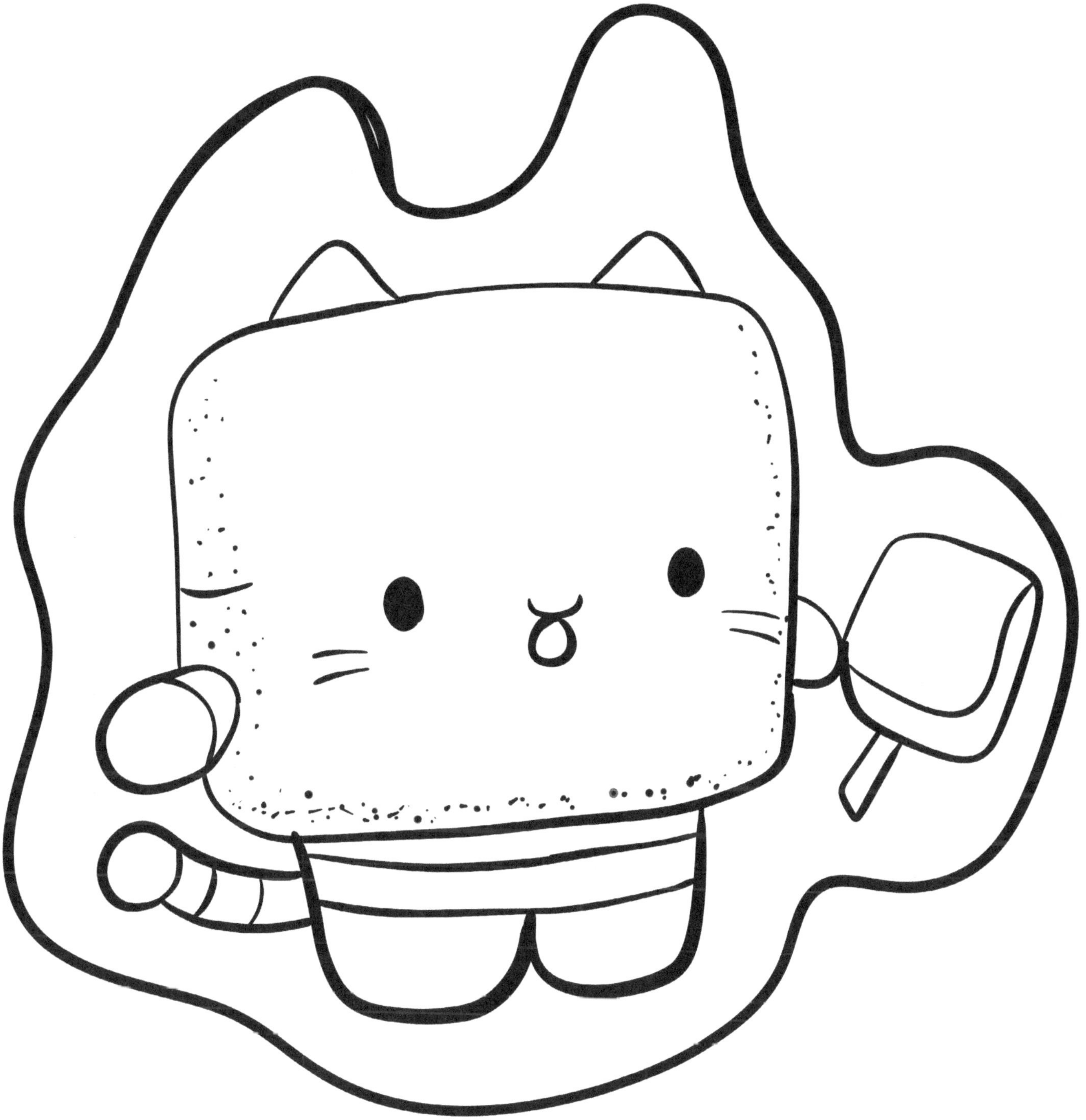

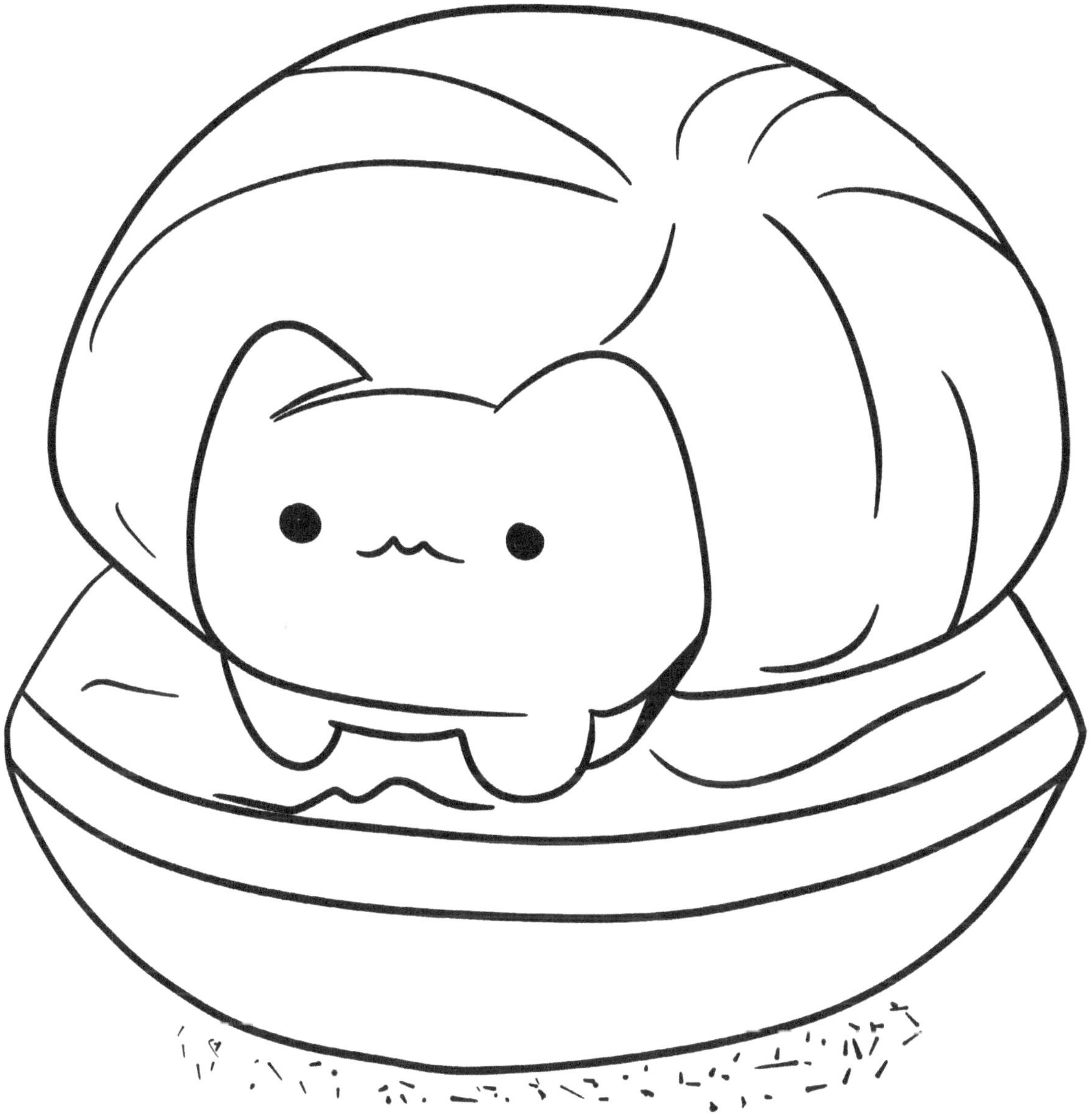

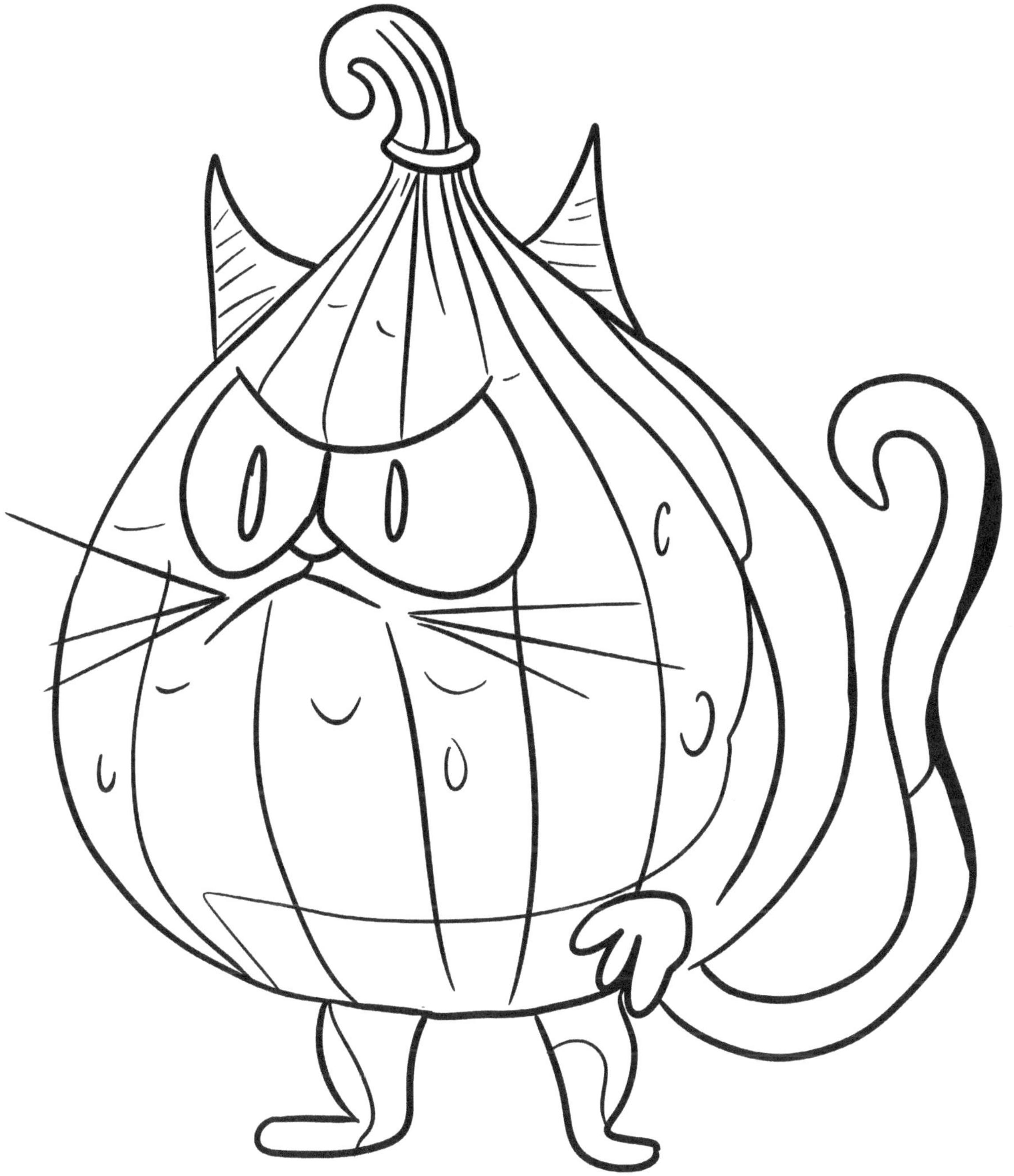

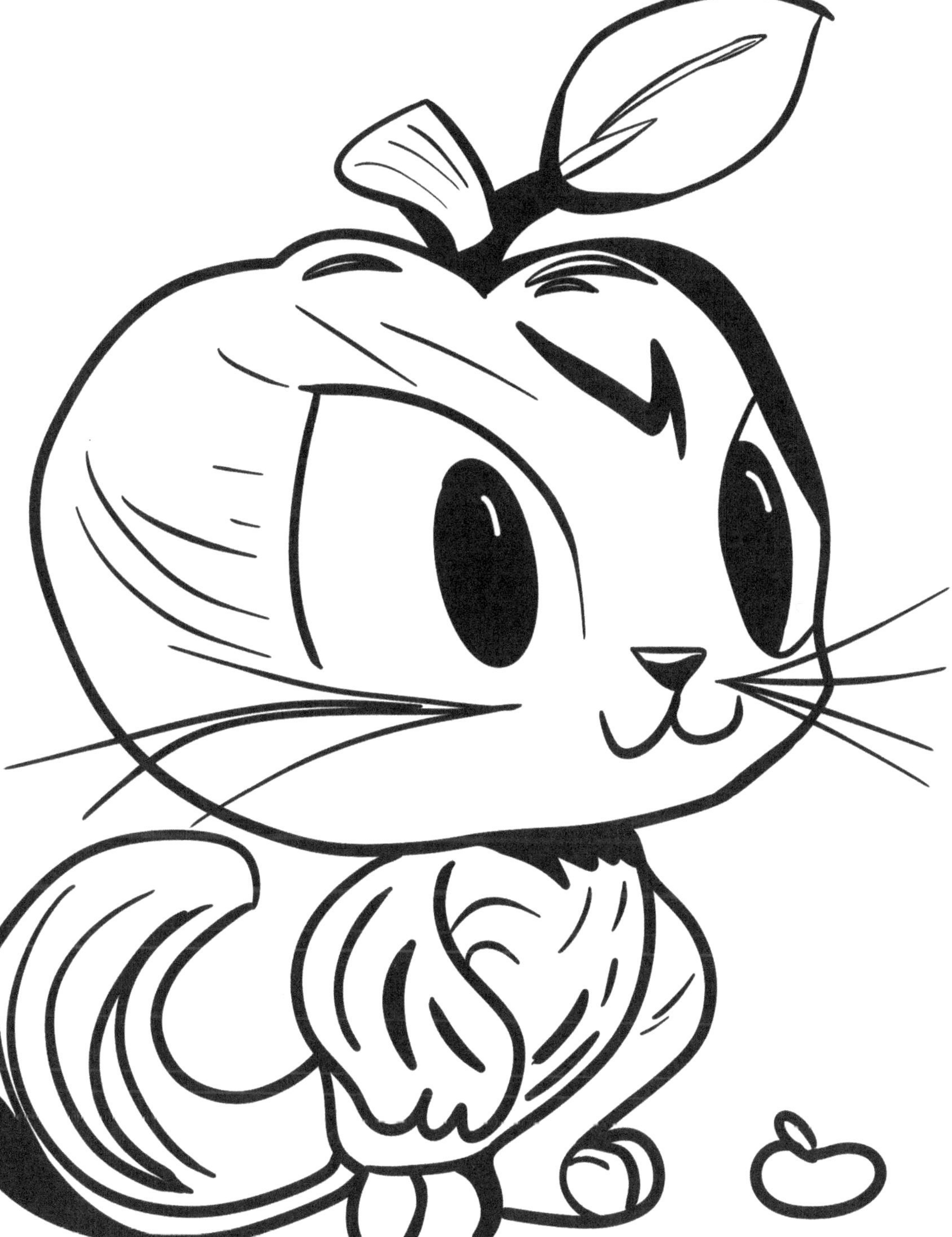

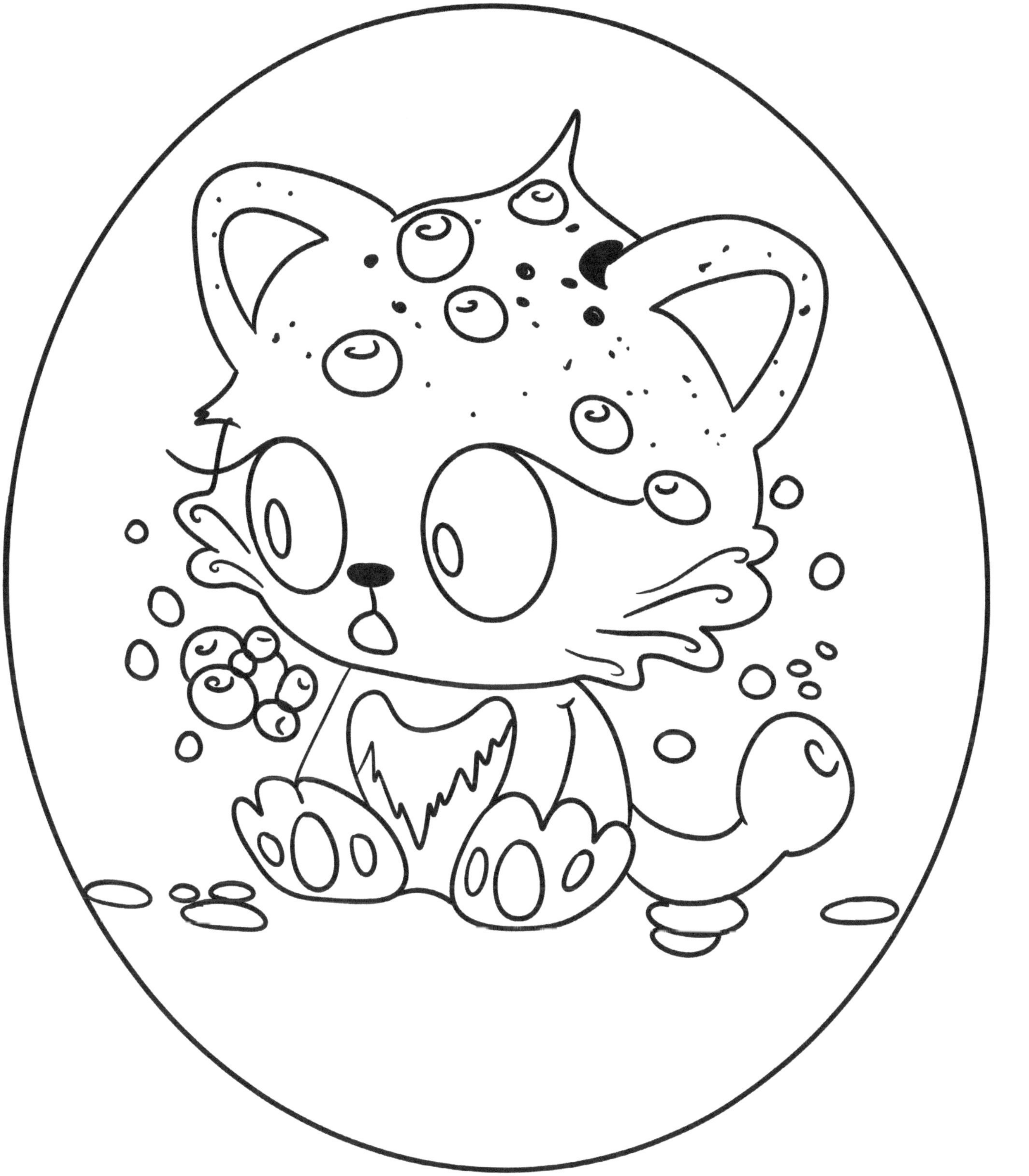

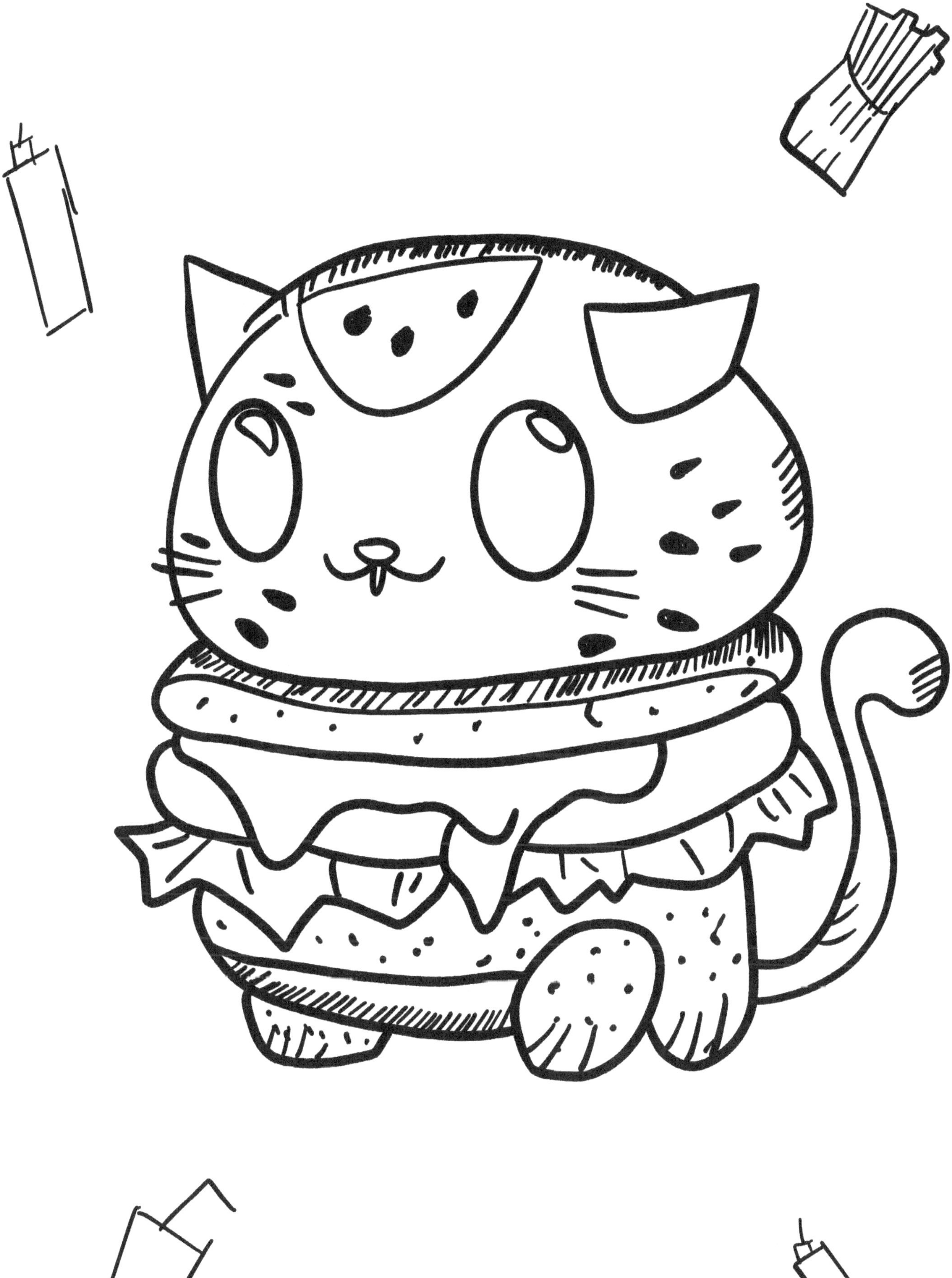

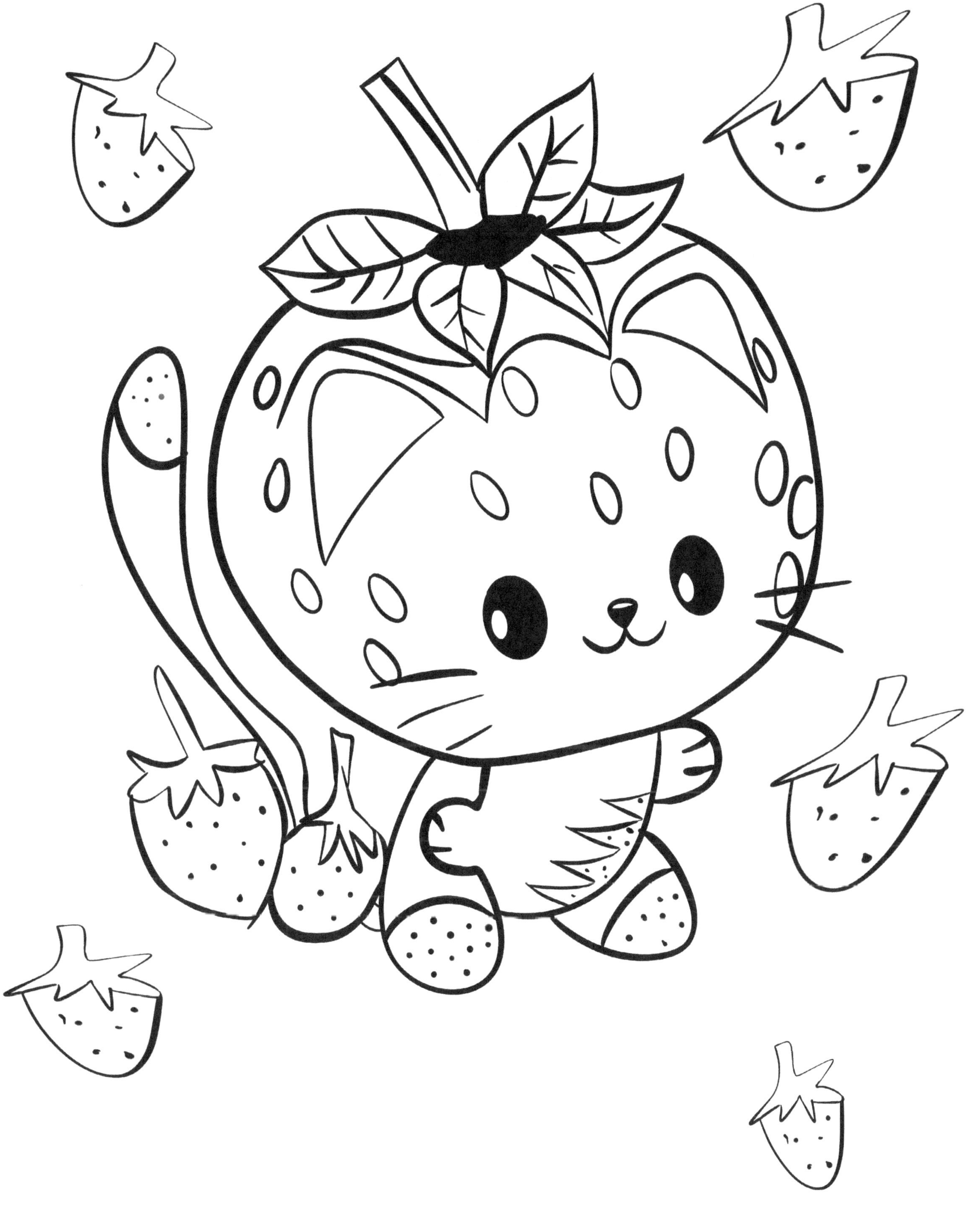

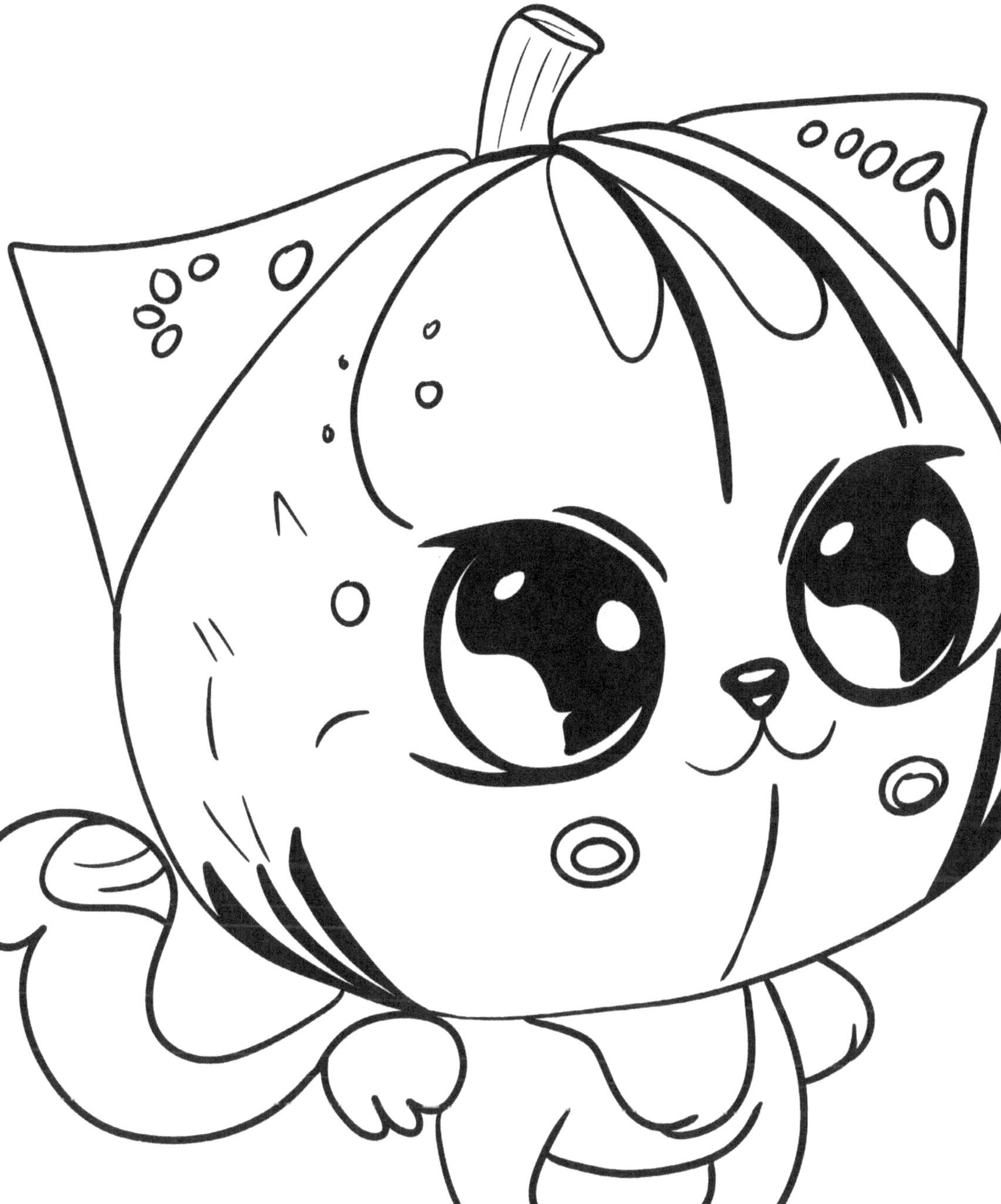

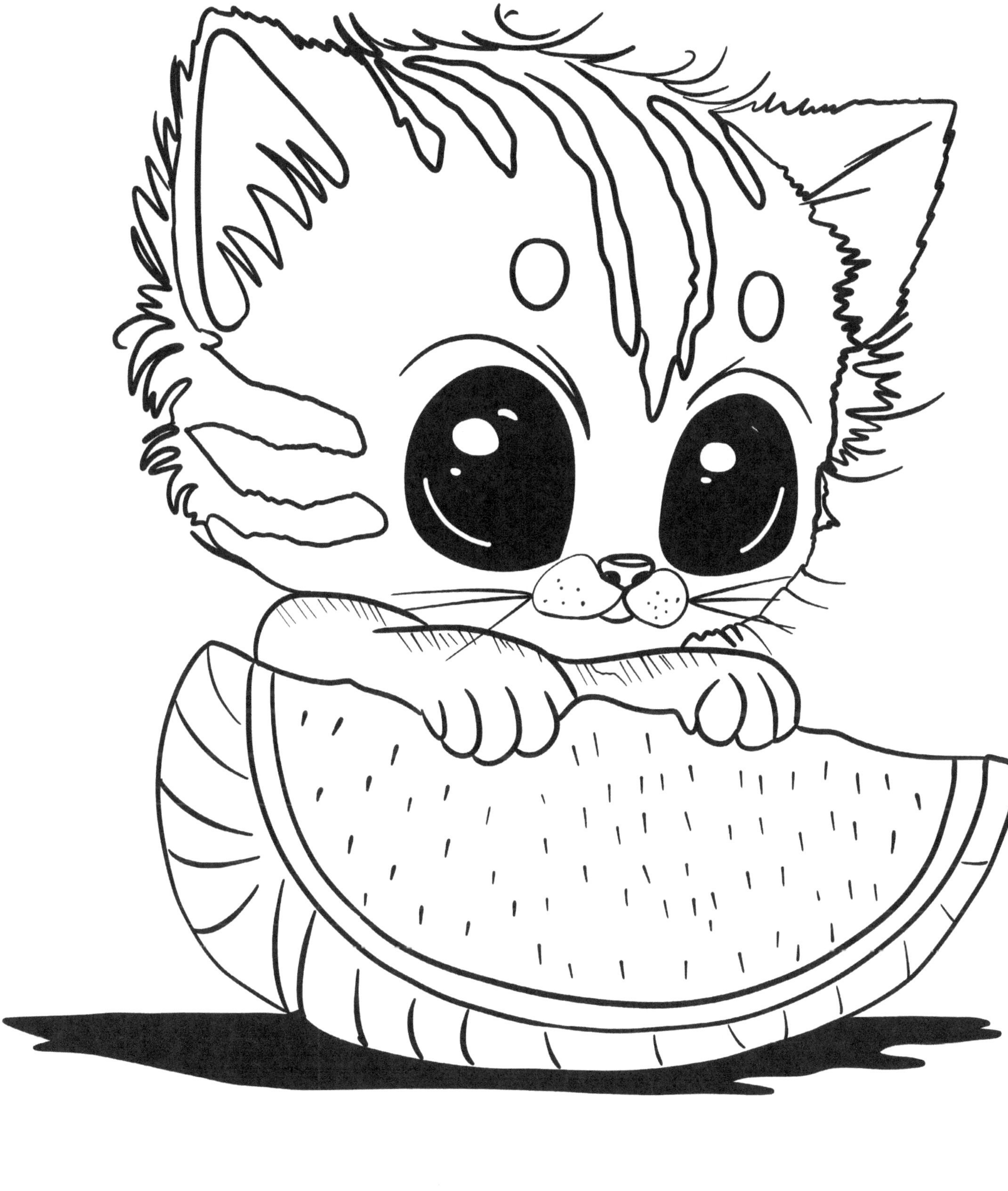

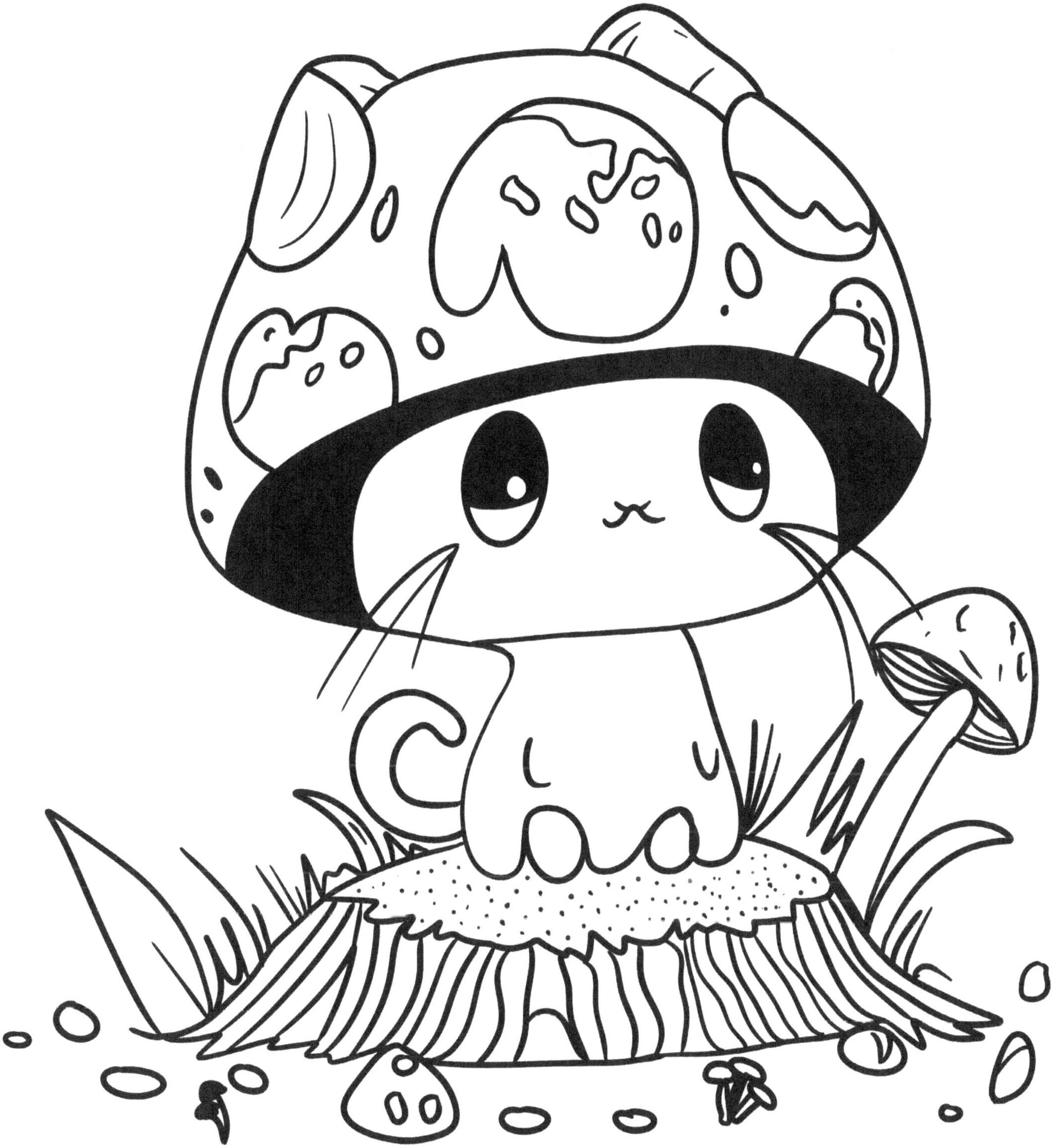

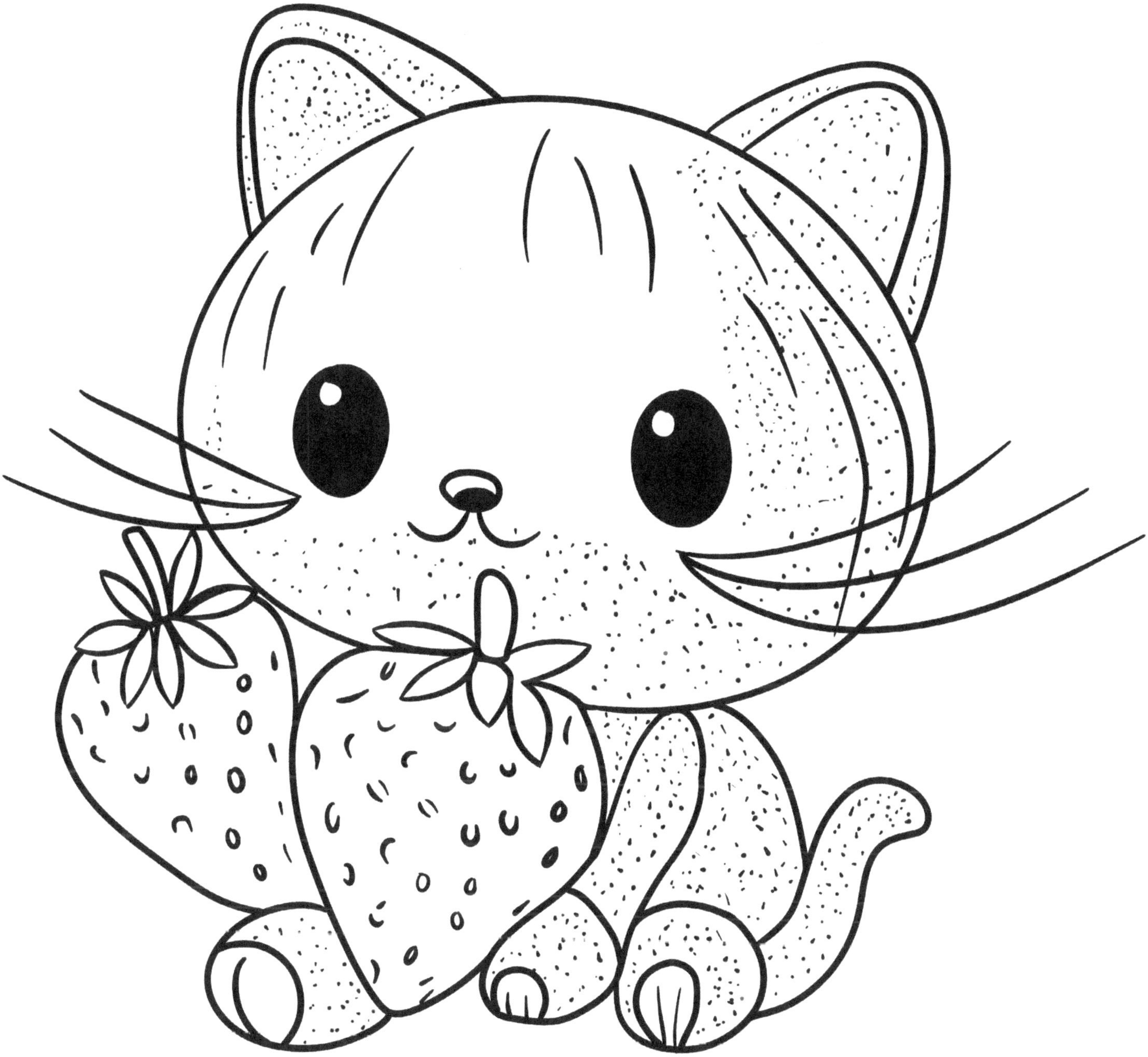

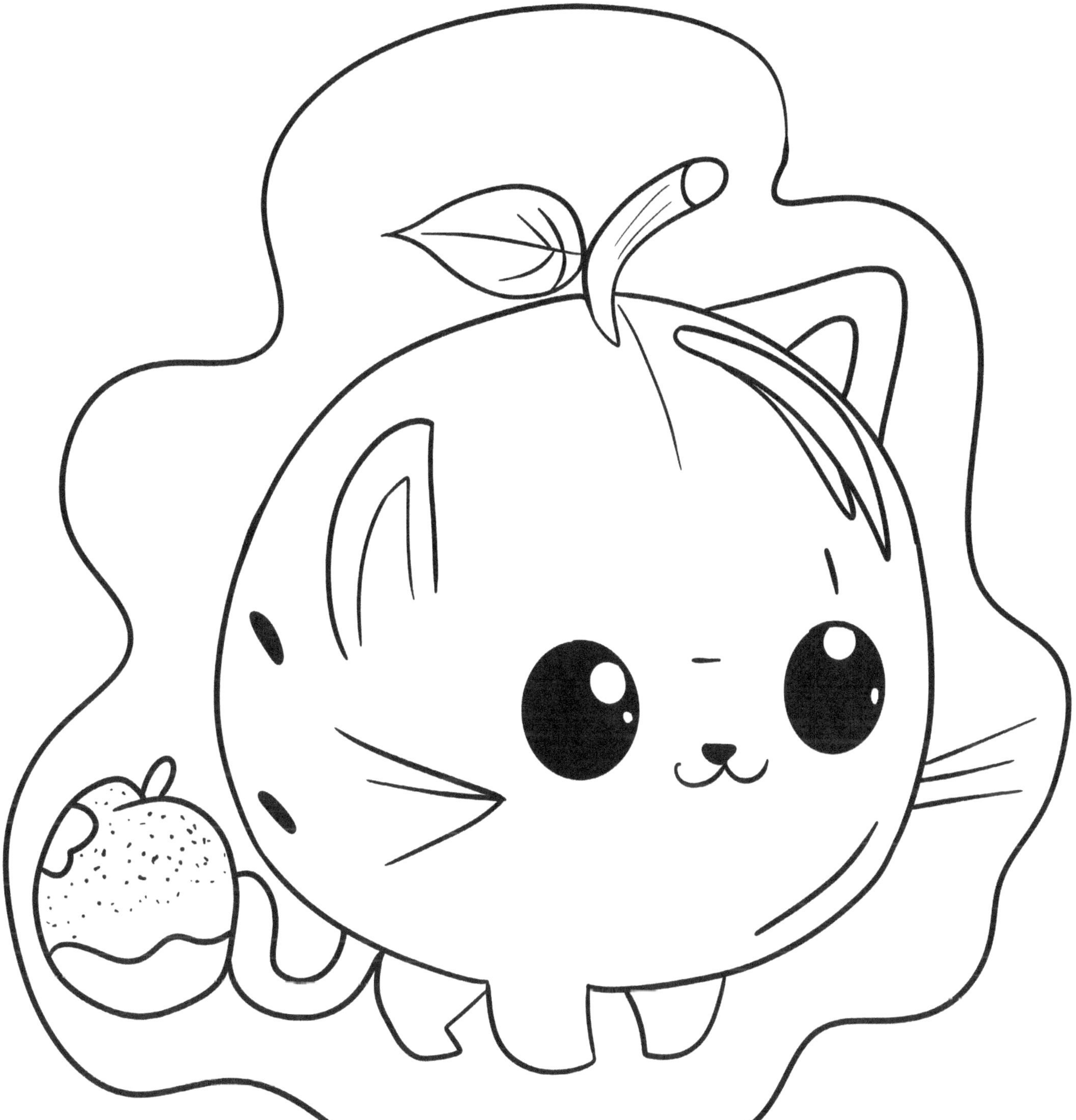

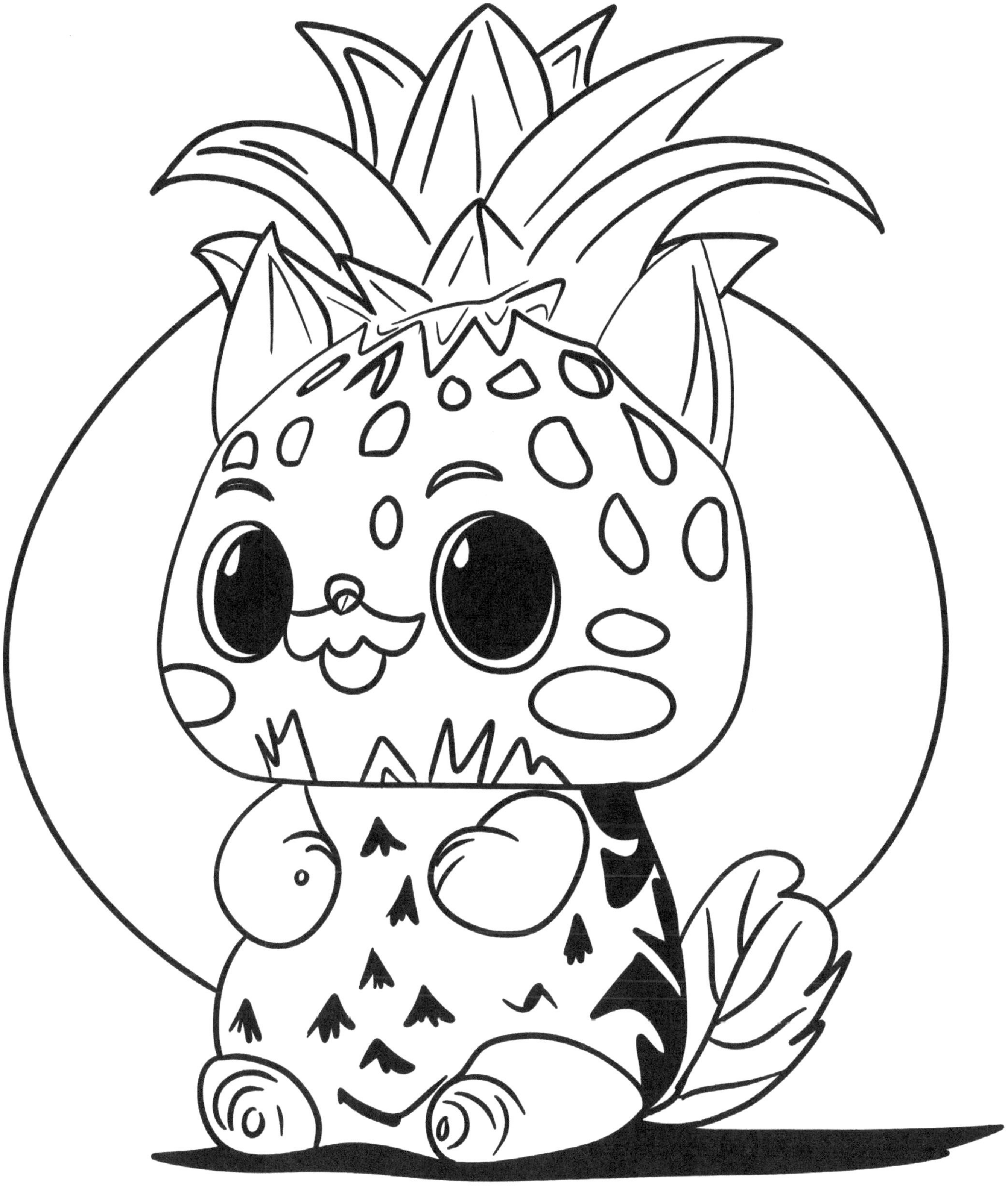

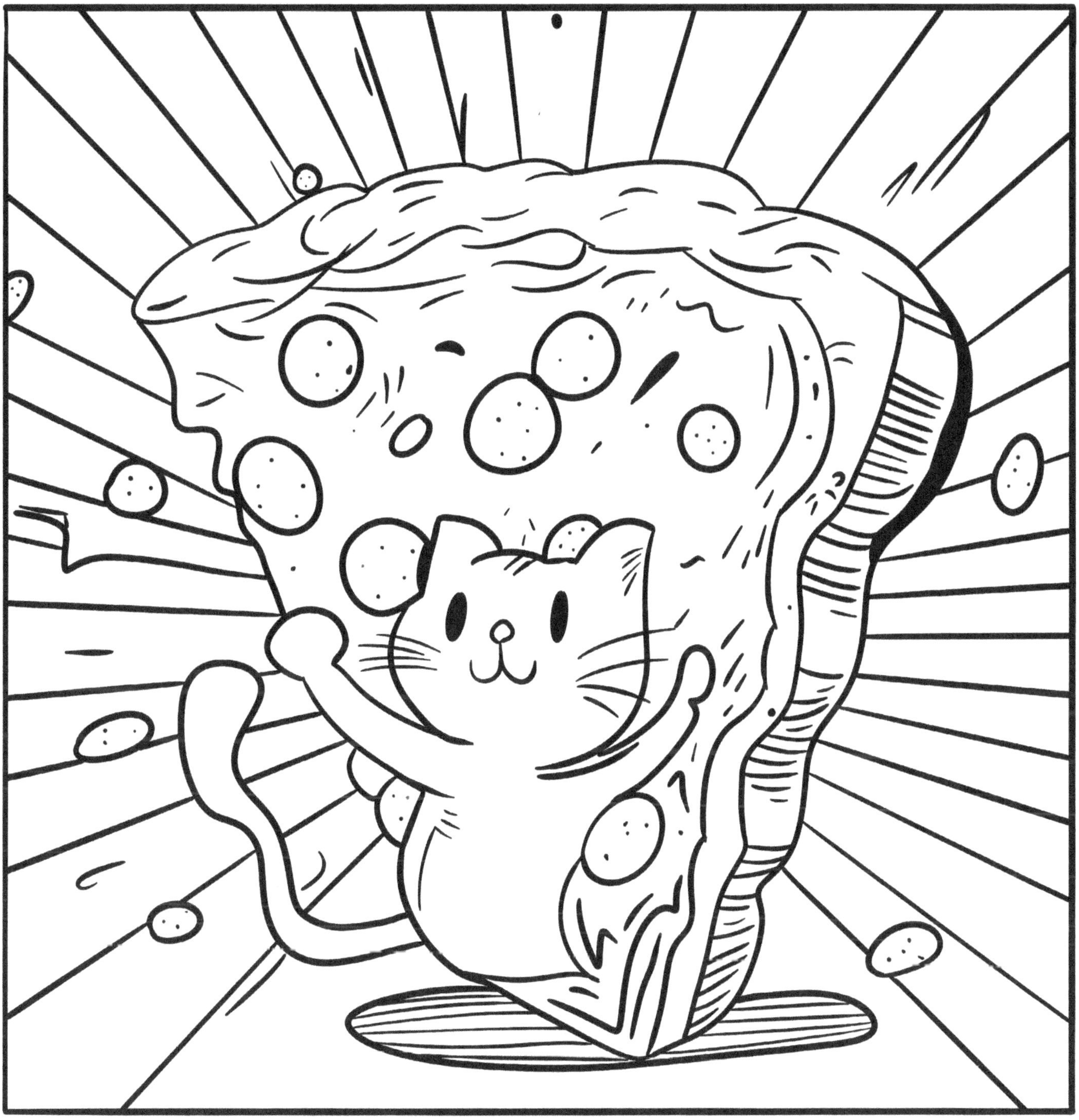

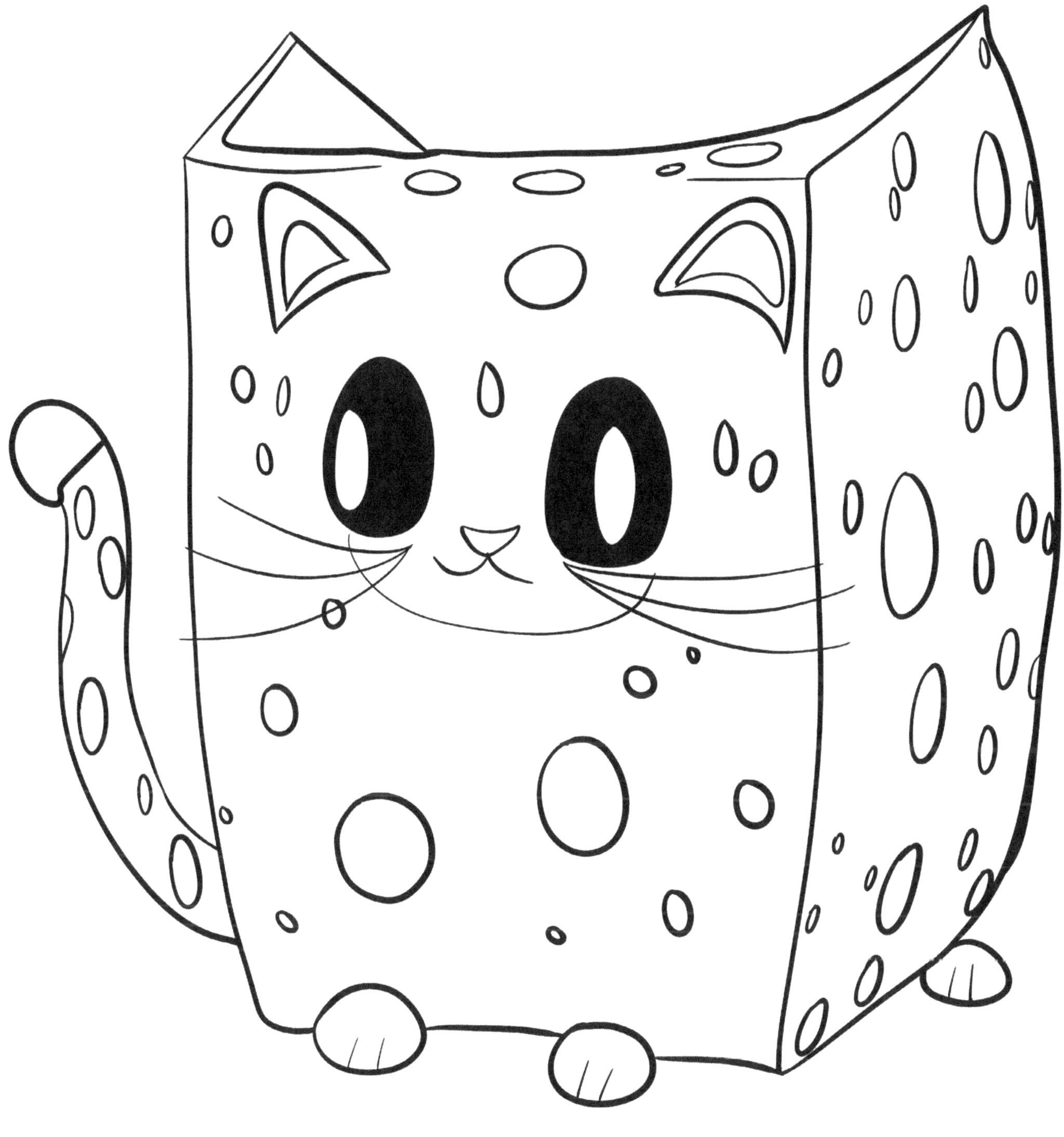

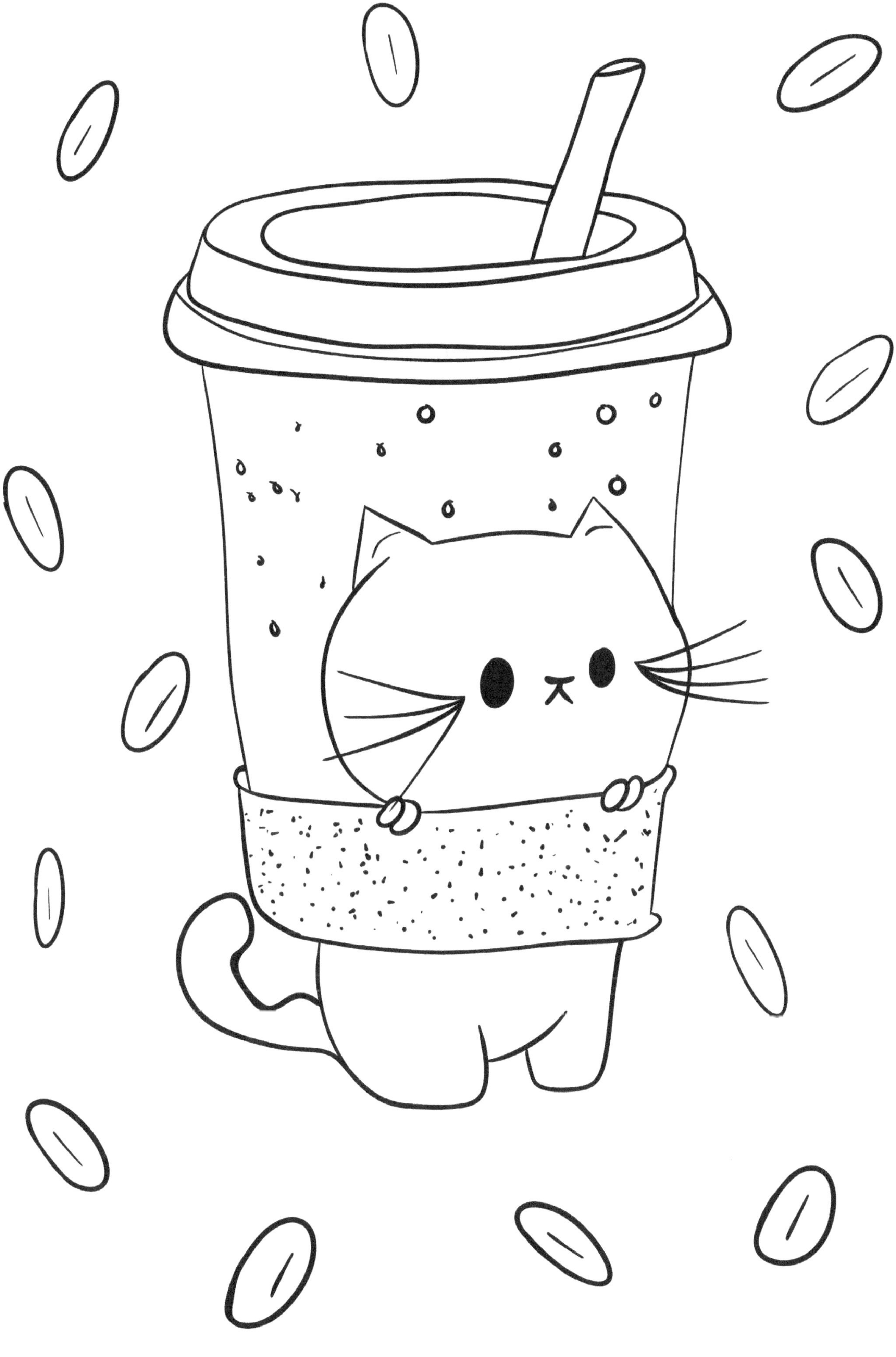

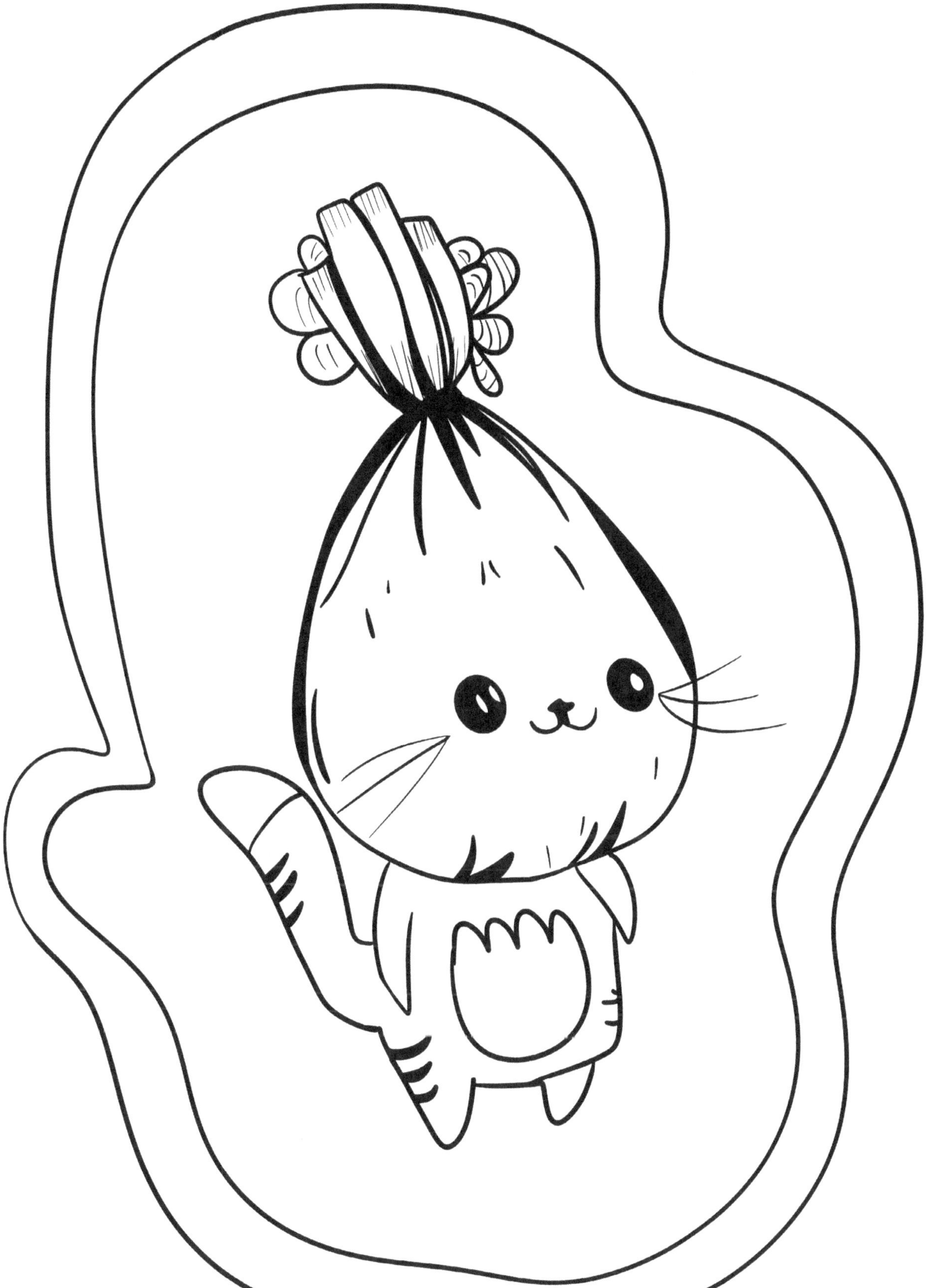

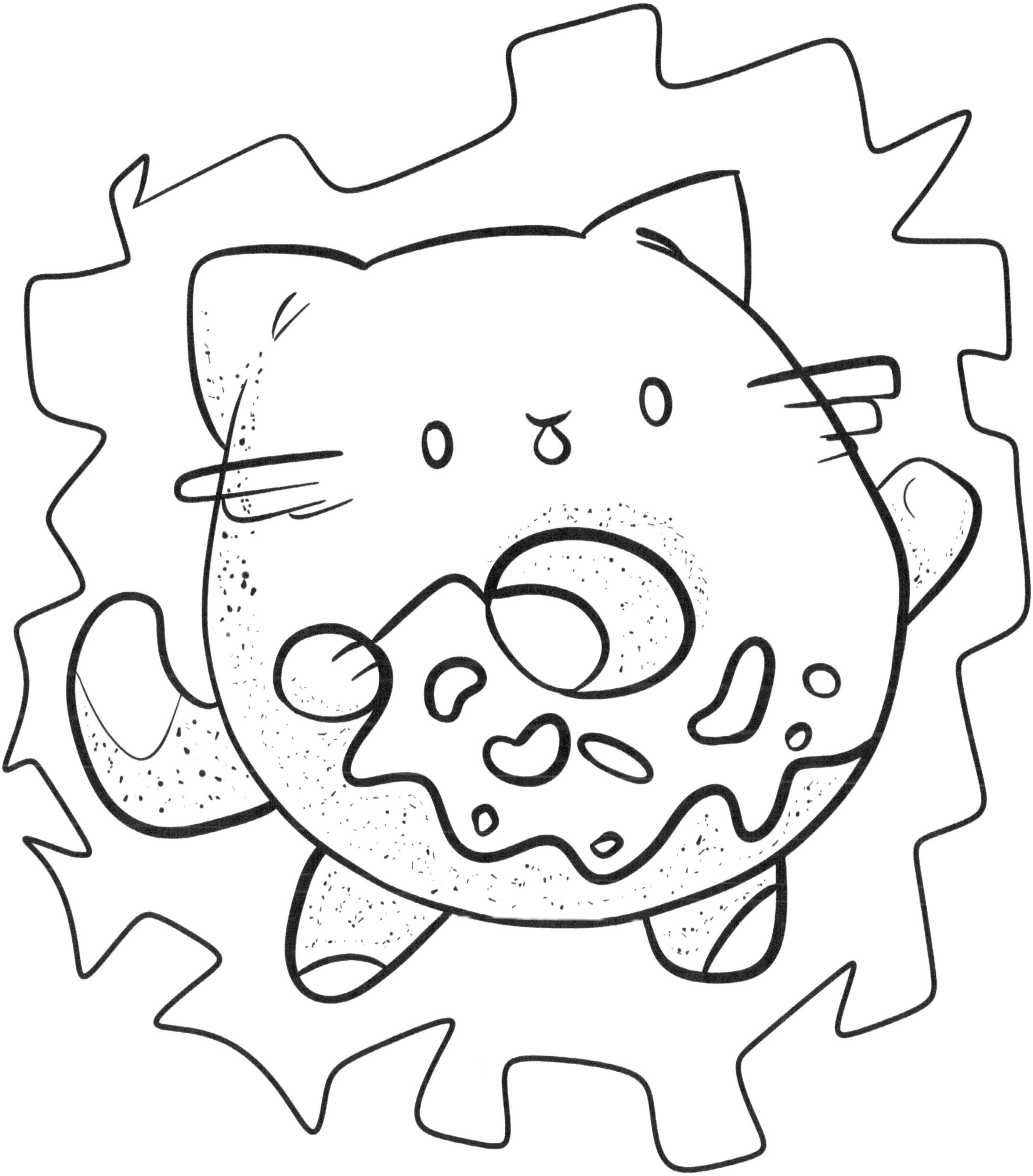

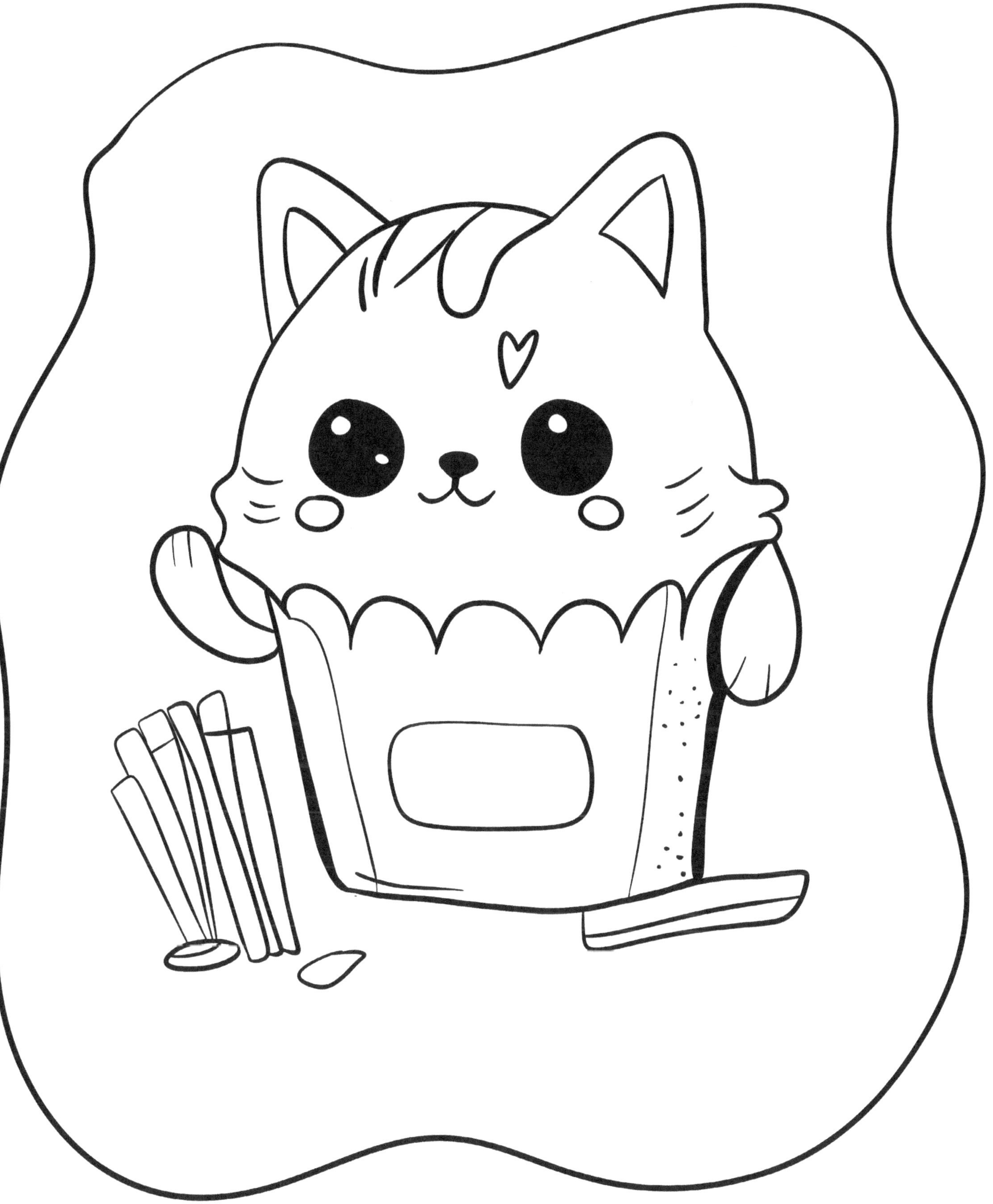

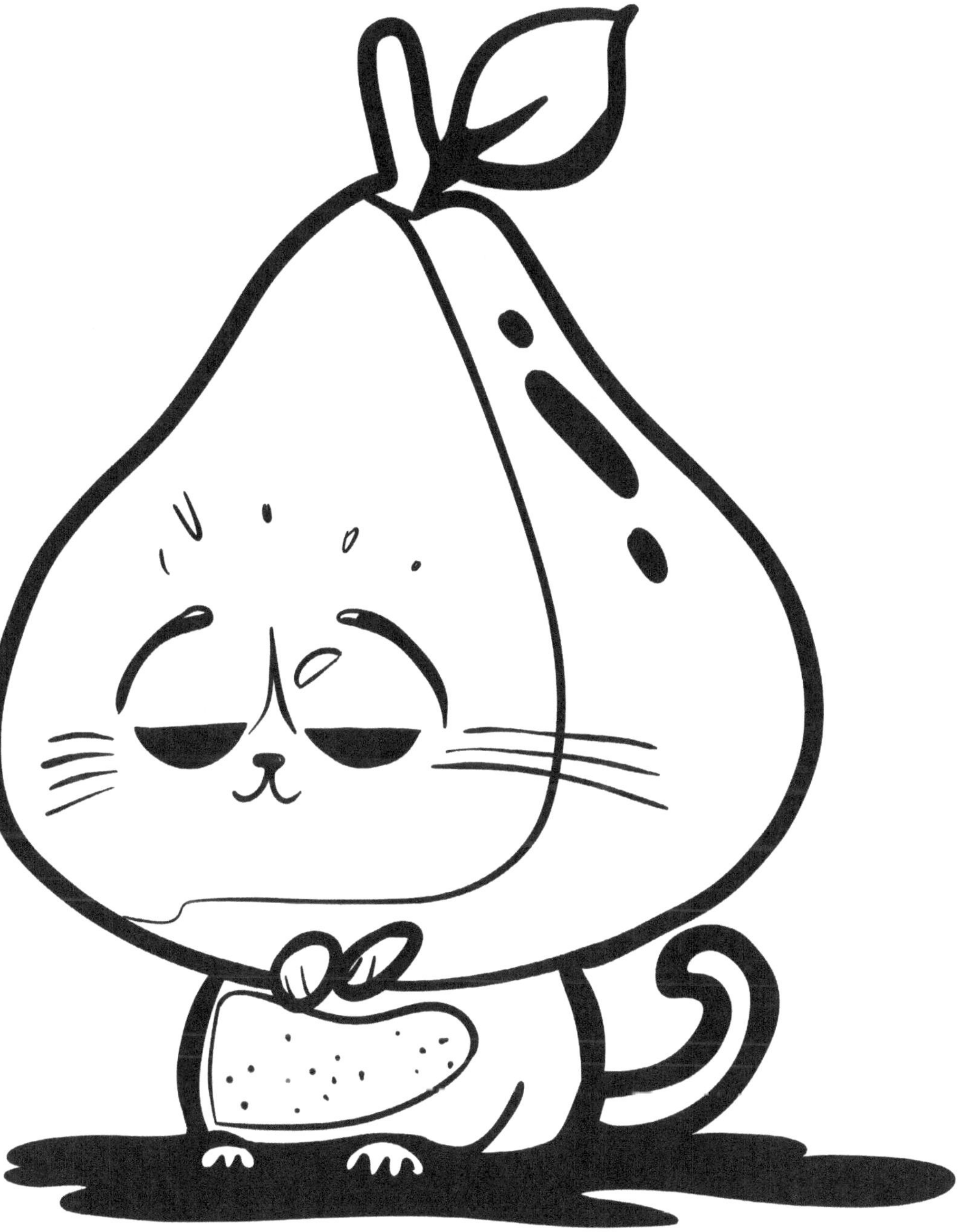

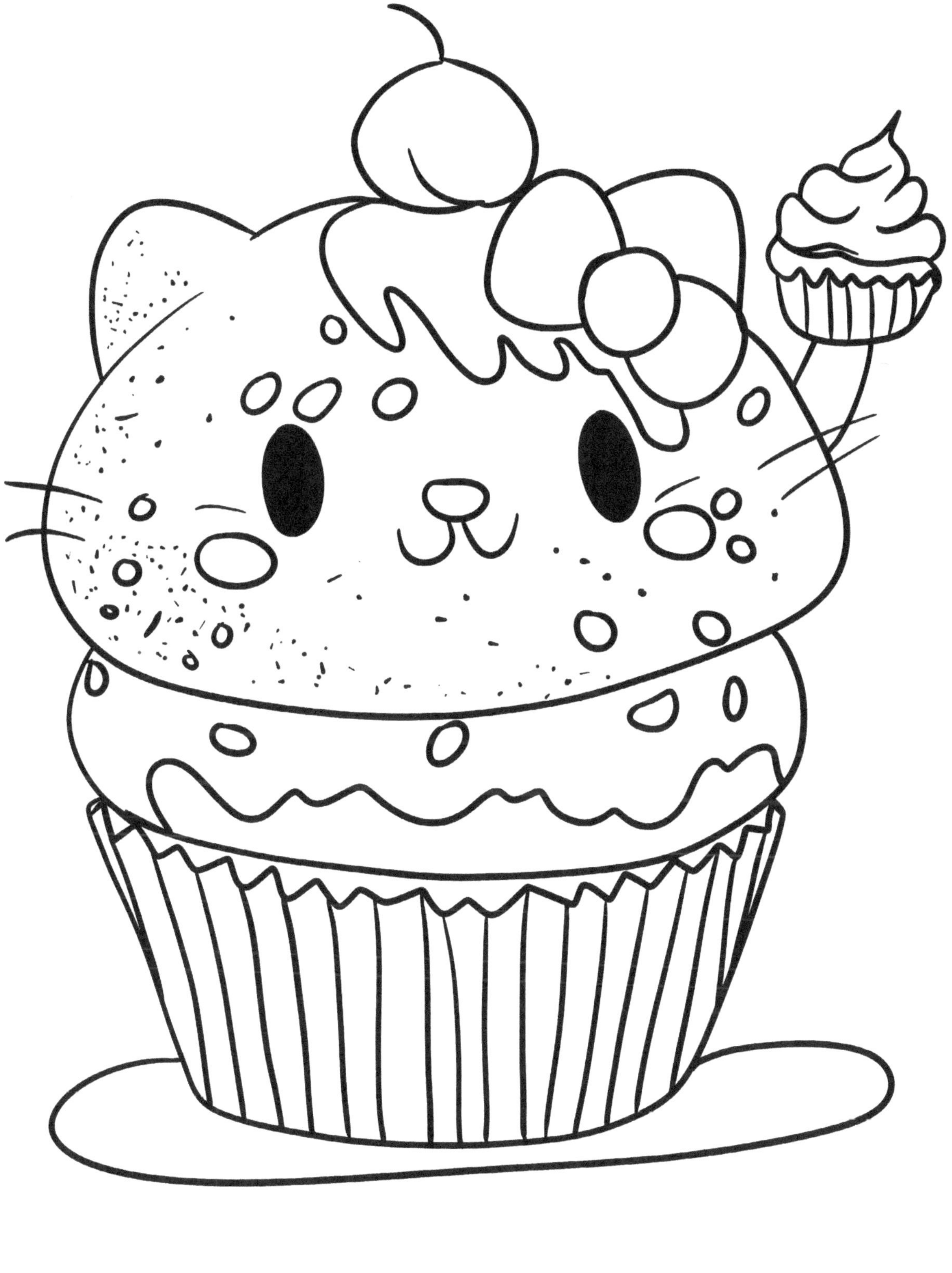

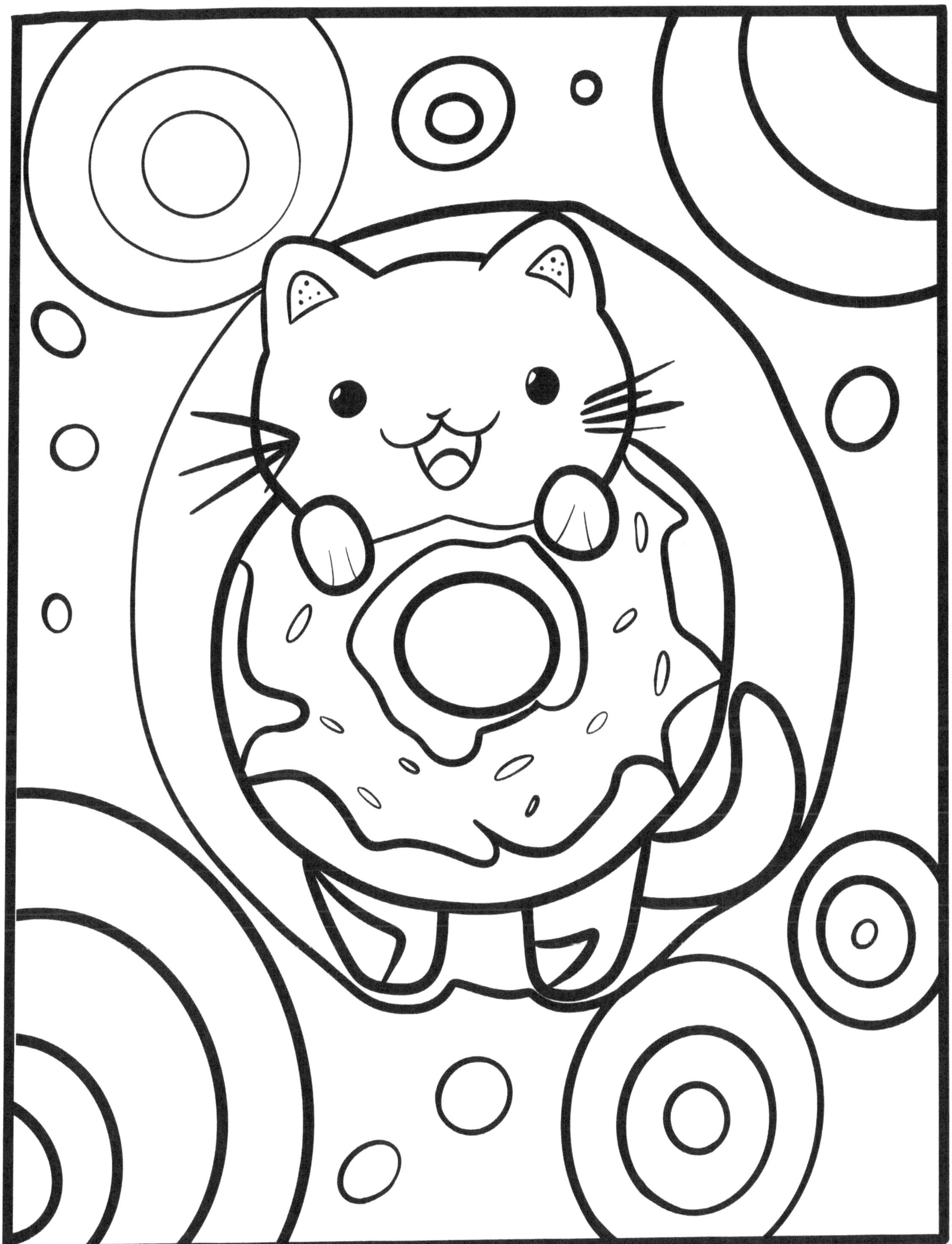

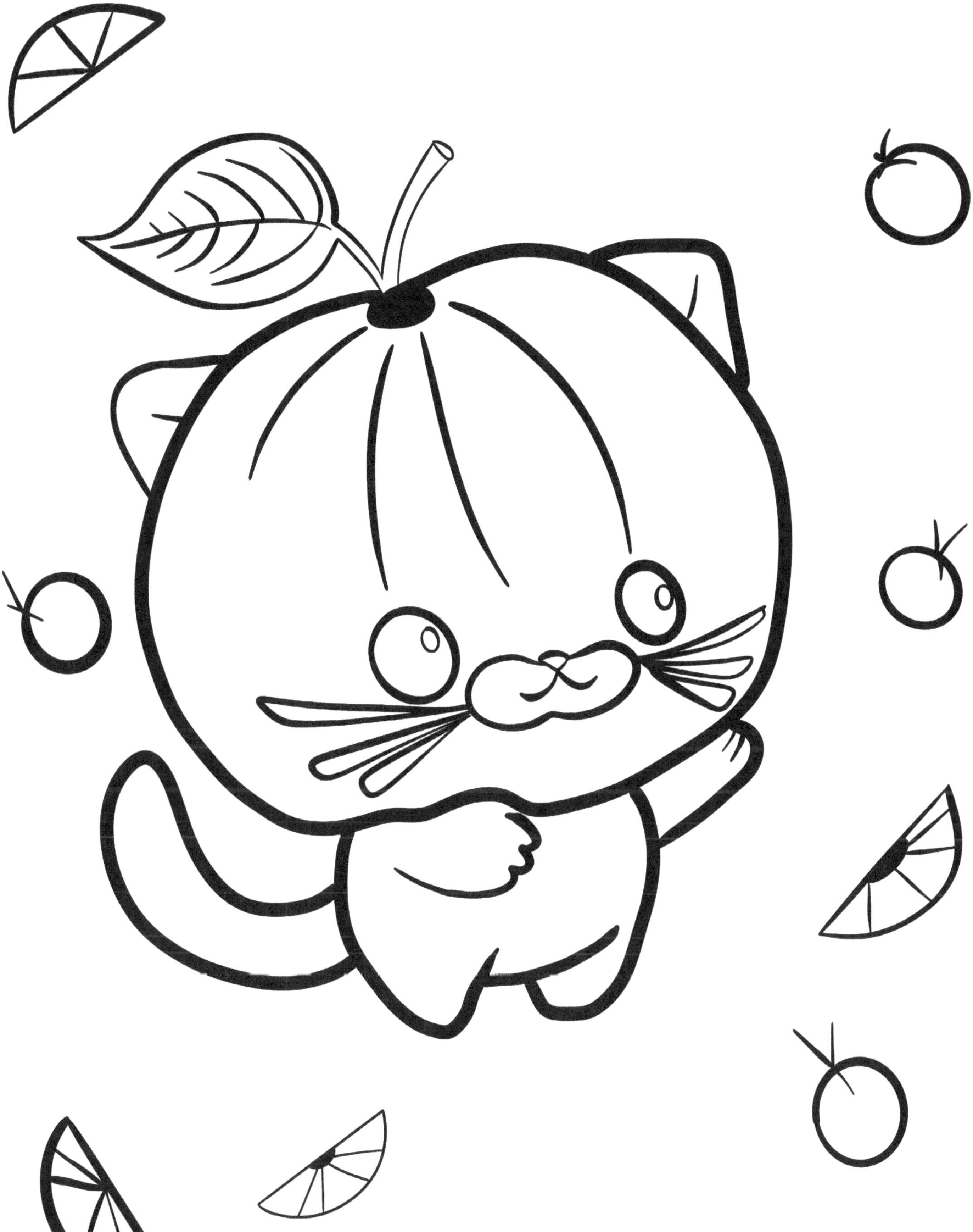

COLOR TESTER PAGE

www.ingramcontent.com/pod-product-compliance
Lightning Source LLC
Chambersburg PA
CBHW082024230526
45466CB00023B/3353
9798393073855